더불어 사는 세상이

더불어 행복한 세상입니다

변호사 김양홍의
행복한 동행 2

■ 추천사 ■

행복을 함께 꿈꾸다

　　　　　　변호사 김양홍의 행복한 동행 1권과 2권의 저자 김양홍 집사님(올해 4월 장로장립 예정)은 그리스도인의 참 모델입니다. 저는 목사로서 교회의 장로를 세울 때 성도들에게 세 가지 기준을 제시했습니다.
　첫째는 하나님을 향한 진실한 믿음이요, 둘째는 성도와 이웃을 향한 섬김의 자세를 지닌 성품이요, 마지막은 언제나 변함없는 충성스런 성실성입니다.
　저자는 이 세 가지 기준에 있어서 성도들에게 100점을 받고 장로 투표를 통과했습니다. 따라서 향기로운 삶을 사는 저자의 글이 더욱 귀하게 여겨집니다. 저자의 책 '변호사 김양홍의 행복한 동행 2'를 읽다보면 온도와 지혜, 여유와 향기 그리고 소망이란 단어가 밀려옵니다.
　가슴을 따듯하게 하는 이야기들이 마음의 온도를 높여줍니다. 인생의 이치를 꿰뚫고 있는 글들이 삶의 지혜를 가져다줍니다. 다양한 소재로 구성된 시의 향기를 맡게 됩니다. 경쟁에서 한 발

■ 추천사 ■

물러서서 본질을 묵상할 수 있는 여유가 생깁니다. 결국 이 책은 행복을 함께 꿈꾸며 동행하고픈 소망을 가져다줍니다.

  보석처럼 아름다운 글들을 찾아내어 감동을 새겨 넣은 저자 김양홍 집사님이 참 자랑스럽습니다. 이 책을 읽는 독자들이 행복한 미소를 지으며 지인들에게 아름다운 이야기를 공유하게 되길 소망합니다.

이수성결교회
담임목사 박정수

■ 추천사 ■

행복을 유통하는 사람

　　　　김양홍 변호사는 가는 곳마다 바이러스를 퍼뜨리는 요주의 인물입니다. 의뢰인을 만날 때나 법정에서는 물론 함께 차를 마시거나 식사를 할 때도 그러합니다. 바로 '행복 바이러스'입니다. 들여다보면 사랑과 정의라는 이름의 '2중 가닥 DNA 바이러스'인데 막을 백신이 없기에 그를 만나는 사람이면 속수무책 전염될 수밖에 없습니다.

　저자는 제가 속해 있는 '사단법인 다비다자매회'라는 싱글맘 단체의 이사로 섬기고 계십니다. 소외된 자나 연약한 자를 보면 더욱 강력한 바이러스가 쏟아져 나오는 저자는 천성적으로 하나님의 사람임이 분명하다는 생각을 해봅니다.

　'변호사 김양홍의 행복한 동행 2'를 읽다 보면 가슴 깊은 곳으로부터 행복감이 솟아나고 어쩌면 책장을 넘기는 손가락에도 행복 바이러스가 묻어날 지도 모를 일입니다. 그로 인하여 어느새 독자 또한 행복을 유통하는 매개자가 되어 있을 것이라 기대해 마지않습니다.

사단법인 다비다자매회
회장 김혜란

■ 추천사 ■

행복의 발견

　　초등학생 때 외워야 했던 '국민교육헌장'에 행복이란 단어는 없었다. 책임과 의무, 사명만 있었다. 사회의 분위기가 그랬다. 그런 어린시절을 겪어온 나에게 행복은 지금도 생소하다.

　이번에 행복전도사 김양홍 변호사의 역작 '행복한 동행2'를 읽으면서, 행복의 의미에 대해 다시 한번 생각해 본다. 행복은 가까운 곳에서 소소한 일상 속에 숨어있는 듯하다. 특히 김변호사는 다른 사람들보다 그것들을 행복으로 찾아내어 느끼는 감성이 탁월해 보인다.

　함께해서 행복한 사람, 김변호사와 앞으로도 행복하게 동행하기를 희망한다.

법무법인(유한) 대륙아주

변호사 **조동양**

■ 추천사 ■

행복쟁이

제가 아는 김양홍 변호사는 여럿이 함께 하는 것을 매우 좋아하는 분입니다. 김양홍 변호사(이하 저자)는 자신의 사랑과 행복을 타인과 나누면서 큰 기쁨을 얻는 사람입니다.

그래서 저자를 좋아하는 사람이 참 많습니다. 행복쟁이(행복을 추구하는 사람이라는 뜻을 가진 말로 추천자가 저자를 부르는 애칭)인 저자는 더욱더 여러 사람과 행복을 나누고 싶어서 2016년 3월부터 '행복한 동행'을 하였습니다.

독자들은 또 다른 공간에서 만나는 저자와의 동행을 좋아했습니다. 그래서인지 저자는 또 다른 행복한 동행의 길을 가자고 합니다. 아마 동행 하고 싶은 우리들의 마음을 알아차렸나봅니다. 그 결과 '행복한 동행 2'가 세상에 나온 것 같습니다. 축하하고 환영합니다.

이번 '행복한 동행 2'는 다소 호흡이 긴 여정도 있고, 우리가 쉽게 지나칠 수 있는 행복의 소재들을 언급하고 있습니다. 또한 이번에도 행복한 시를 소개하고 있고, 몇 편의 영화와 여행을 통해 발견한 감동을 말하고 있습니다.

■ 추천사 ■

  그리고 우리나라 역사의 한 페이지를 장식할 촛불집회에서 느낀 조국에 대한 희망과 행복을 말하고 있습니다. 이번 동행에서는 조금 더 섬세해진 저자의 행복 민감성을 느낄 수 있습니다.

  저자는 분명 변호사입니다만 책 속에서는 시인으로, 사회복지사로, 여행가이드로, 조국을 사랑하는 독립운동가로, 영화에 빠지며 눈물을 흘리는 순수한 청년의 모습도 있습니다. 그러한 다양한 모습의 행복쟁이가 자신에게는 전혀 행복이 없다고 체념해 버린 혹자(或者)에게 가까운 곳에 행복이 있다고 힘을 주어 말하며 안내하고 있습니다.

  분명 저자라고 해서 어려움과 불행이 없는 것은 아닐 것입니다. 그래서인지 저자 자신도 아픔과 어려움이 있지만 자신과 동행하며 함께 행복을 찾아보자고 말하고 있습니다. 그러면 행복이 바로 우리 옆에 있음을 발견한다고 합니다.

  저자는 행복해서 감사한 것이 아니라 감사하면 행복하다고 말하고 싶은가 봅니다. 참 쉬운 말인데… 다 아는 말인데… 듣고 싶었던 말인데 듣지 못했던 말이었습니다. 이번 저자와의 행복한 동행을 하면서 잔잔한 위로와 미소를 선물로 받습니다. 마치 저자가 옆에서 웃으면서 천진난만하게 말하는 것 같습니다.

  "행복하세요. 그리고 사랑합니다." 라고.

나사렛대학교 사회복지학부
교수 윤철수

 변호사 김양홍의 행복한 동행2

■ 머리말 ■

사람은 행복하기로 마음먹은 만큼 행복하다

　더 감사하는 마음으로 이 글을 씁니다. 지난 해 봄 김홍신 민주시민정치아카데미 원장님 가르침대로 생애 첫 수필집 '변호사 김양홍의 행복한 동행' 책을 출간한 이후 '행복한 동행'이라는 주제로 경남지방경찰청 북카페에서 첫 강의를 시작한 이래 경찰대학 치안정책과정, 백령도와 포항 해병부대, 이화동 벽화마을 등 전국을 누비면서 참 행복한 동행을 했습니다.

　그렇게 바쁜 한 해를 보내면서 틈틈이 정리해 놓은 글들이 이렇게 또 한권의 책으로 엮어지게 되었습니다. 이 책도 첫 번째 책과 같은 편제로 만들었습니다.

　삶의 지혜가 담긴 '제1편 삶과 지혜', 아름다운 글과 시, 노래, 연극, 영화를 담은 '제2편 삶을 아름답게 하는 것들' 그리고 여행기 등 저의 일상적인 삶을 다룬 '제3편 이런 저런 이야기'입니다.

■ 머리말 ■

　이 책 제목을 '행복한 동행2'로 할지 '따뜻한 동행'으로 할지 고민했으나, 행복한 동행이라는 단어가 너무 좋아서 그냥 '행복한 동행2'로 명명했습니다. 앞으로도 행복한 동행 시리즈가 계속 출간될 수 있기를 소망합니다.

　이 책을 통해서 하고 싶은 말도 '더불어 사는 세상을 만들자'입니다. 더불어 사는 세상이 더불어 행복한 세상이기 때문입니다. 그래서 책 표지 글도 첫 번째 책과 동일하게 했습니다.

　많이 부족한 책이지만, 저의 사랑과 마음이 담긴 책이니 독자 여러분께서 따뜻한 사랑의 눈으로 봐주십시오.

　이 책을 출간하게끔 격려해주시고, 큰 사랑으로 보살펴 주시는 김홍신 민주시민정치아카데미 원장님, 저를 행복하게 만들어주시고 감동적인 추천사까지 써주신 박정수 이수성결교회 담임목사님, 사단법인 다비다자매회 김혜란 목사님, 조동양 전 국방부 법무관리관님, 윤철수 나사렛대학교 사회복지학부 교수님께 깊이 고개 숙여 감사 인사 드립니다.

　또한 첫 번째 책과 두 번째 책 표지 말 달리는 작품사진을 사용하게 해주신 문쾌출 전국보일러설비협회 회장님, 책 곳곳에 사용된 작품사진을 사용하게 해주신 이희규 선생님과 조은선 선생님, 강북

■ 머리말 ■

구청 김경수 팀장님에게도 감사의 마음을 전합니다. 그리고 최초로 日中韓 대조성경을 출간한 모리슨 출판사 박영선 이사장님과 최순환 목사님, 이번에도 착실하게 교정을 도와준 김미아 동화작가와 매제 하린 시인, 사랑하는 아내 나주옥, 딸 은혜와 아들 은철, 저와 매일 행복한 동행을 하고 있는 김정현 변호사님을 비롯한 우리 법무법인 서호 가족 여러분 그리고 저를 아는 모든 분들께 사랑과 감사의 인사를 전합니다.

내가 없으면 당신이 없는 것이 아니라 당신이 없으면 내가 없는 것입니다. 아무리 큰 나무도 혼자서는 결코 숲을 이룰 수 없습니다. 그리고 범사에 감사하는 마음으로 오늘 하루를 마감했으면 합니다.

사람은 행복하기로 마음먹은 만큼 행복합니다. 더불어 행복한 삶, 범사에 감사하는 삶 그것이 참 행복 아닐까요? 끝으로 저를 있게 해주신 하나님께 이 모든 영광을 올립니다. 감사합니다.

2017년 햇살 좋은 어느 봄날
사랑하는 우리 조국 대한민국 하늘 아래에서
변호사 **김양홍** 올림

■ 차례 ■

추천사 ... 3
머리말 ... 9

제1편 삶과 지혜

내일은 내일 일뿐이다 ... 22
행복은 입맞춤과 같다 ... 25
성공이 행복의 열쇠가 아니라 행복이 성공의 열쇠다 ... 26
이율배반(二律背反)적인 삶 ... 28
그냥 ... 31
당근, 달걀 그리고 커피 ... 33
사자가 밀림의 왕인 이유 ... 36
톨스토이의 세 가지 질문 ... 38
인생은 80부터 ... 40
체로키족 늑대 이야기 ... 42
Let me go! ... 45
참회(懺悔) ... 47
링겔만 효과(Ringelmann effect) ... 49
그대가 누구와 만나고 있는가를 말해보라 ... 51
희망이란 ... 53

■ 차례 ■

어느 할아버지의 1009번째 도전 ... 54

포기하지 않은 개구리가 버터를 만든다 ... 58

牛生馬死(우생마사) ... 60

반드시 밀물은 오리라 ... 62

걸림돌과 디딤돌 ... 65

춘화현상(春化現象) ... 67

뿌린 씨앗으로 판단하라 ... 69

배설물은 밭에 있으면 거름이 된다 ... 71

일체유심조(一切唯心造) ... 73

하루는 지나가는 게 아니다 ... 75

인생은 곱셈이다 ... 76

어떻게 하면 잡초를 없앨 수 있을까? ... 78

누구든지 자기를 낮추는 자는 높아지리라 ... 81

피그말리온 효과(Pygmalion effect) ... 84

400년 거목을 쓰러뜨린 딱정벌레 ... 87

산우(山友)와 지우(地友) ... 89

연어의 모성애와 가물치의 효심 ... 91

스리랑카에서 온 코끼리 ... 93

궁중채화(宮中綵華) ... 97

견리사의 견위수명(見利思義 見危授命) ... 99

■ 차례 ■

제2편 삶을 아름답게 하는 것들

굽이 돌아가는 길 (박노해 시인 글) ... 104

더 많은 복을 받으려고 하지 말라 (탁영철 목사 글) ... 107

지금 여기에서 행복하기 (법륜 스님 글) ... 109

눈 깜짝할 새 (허허당 스님 글) ... 111

아리랑 (한국민요) ... 114

바다가 넘치지 않는 이유 (어느 초등학생의 동시) ... 118

매미네 마을 (정현정 동시) ... 119

홀로 아리랑(서유석 노래)과 호사카 유지의 독도이야기 ... 123

바람의 빛깔 (제주소년 오연준 노래) ... 127

사랑으로 (해바라기 노래) ... 130

가을은 참 예쁘다 (박강수 노래) ... 133

인생은 미완성 (이진관 노래) ... 136

걱정 말아요 그대 (전인권 노래) ... 138

상록수 (양희은 노래) ... 140

You Raise Me Up (Secret Garden 노래) ... 142

내 영혼이 은총 입어 (찬송가 438장) ... 145

봄 길 (정호승 시) ... 146

고래를 위하여 (정호승 시) ... 148

■ 차례 ■

흔들리며 피는 꽃 (도종환 시) ... 151
시가 뭐고 (소화자 시) ... 153
구부러진 길 (이준관 시) ... 156
6월의 장미 (이해인 시) ... 159
대추 한 알 (장석주 시) ... 162
풀꽃·1 (나태주 시) ... 164
조용한 일 (김사인 시) ... 166
자식의 은혜 (유안진 시) ... 168
준비물 (최대호 시) ... 170
사랑의 물리학 (김인육 시) ... 171
영화 '덕혜옹주' ... 173
영화 '밀정' ... 176
영화 '날, 보러와요' ... 180
영화 '주토피아' ... 184
단편영화 'BUS44' ... 187
단편영화 'The Lunch Date' ... 189
연극 '둥지' ... 192

■ 차례 ■

제3편 이런 저런 이야기

여보(如寶)와 당신(當身) 그리고 '내 사랑'... 200

생선, 꽃 그리고 손수건 ... 202

화투의 비광 이야기 ... 203

삶은 계란이다 ... 206

김치찌개 인생론 ... 207

인생은 야구경기이다 ... 209

내 인생의 적(敵)은 '나'... 211

환경보다 더 중요한 것은 해석이다 ... 213

우리는 모두 꽃이다 ... 216

일어나지 않은 것은 너의 잘못이다 ... 218

여행(女幸)길 ... 220

소천(召天) ... 221

스스로 자란 상추 이야기 ... 223

나비가 꽃이 되는 거죠? ... 224

그래도 지금이 좋은 줄 알아! ... 226

하늘 향한 꿈 ... 227

그냥 이쁘다 ... 229

사랑은 오래 참는 것이 으뜸이다 ... 230

■ 차례 ■

꿈속에서 … 233

나 오늘 사랑 고백받았다 … 236

사랑이 없으면 … 238

행복은 전염병이다 … 240

소소하고 자잘한 행복 … 242

시간은 흐르지만, 추억은 흐르지 않는다 … 244

최고의 사업은 자식사업이다(백골부대모임) … 248

내 마음은 늘 싱글이다 … 250

골프와 인생살이의 공통점 … 253

마누라들은 너희들이 만들었다 … 255

우리의 미래는 우리가 결정해야 한다 … 256

1박 2일 … 258

백령도 안보탐방기 … 261

광명동굴 … 268

송도 트리 #1(송도센트럴파크) … 271

곤지암 화담(和談)숲 … 273

내 인생의 4일(일본 홋카이도여행) … 275

변호사 김양홍의
행복한 동행 2

제1편
삶과 지혜

01 내일은 내일 일뿐이다 ·02 행복은 입맞춤과 같다 ·03 성공이 행복의 열쇠가 아니라 행복이 성공의 열쇠다
04 이율배반(二律背反)적인 삶 ·05 그냥 ·06 당근, 달걀 그리고 커피 ·07 사자가 밀림의 왕인 이유
08 톨스토이의 세 가지 질문 ·09 인생은 80부터 ·10 체로키족 늑대 이야기 ·11 Let me go! ·12 참회(懺悔)
13 링겔만 효과(Ringelmann effect) ·14 그대가 누구와 만나고 있는가를 말해보라 ·15 희망이란
16 어느 할아버지의 1009번째 도전 ·17 포기하지 않은 개구리가 버터를 만든다 ·18 牛生馬死(우생마사)
19 반드시 밀물은 오리라 ·20 걸림돌과 디딤돌 ·21 춘화현상(春化現象) ·22 뿌린 씨앗으로 판단하라
23 배설물은 밭에 있으면 거름이 된다 ·24 일체유심조(一切唯心造) ·25 하루는 지나가는 게 아니다
26 인생은 곱셈이다 ·27 어떻게 하면 잡초를 없앨 수 있을까? ·28 누구든지 자기를 낮추는 자는 높아지리라
29 피그말리온 효과(Pygmalion effect) ·30 400년 거목을 쓰러뜨린 딱정벌레 ·31 산우(山友)와 지우(地友)
32 연어의 모성애와 가물치의 효심 ·33 스리랑카에서 온 코끼리 ·34 궁중채화(宮中綵華) ·35 견리사의
견위수명(見利思義 見危授命)

01 내일은 내일일 뿐이다

우리 모두는 행복하기를 소망한다.
아마 동물도 생각을 한다면 행복하기를 바라지 않을까?
공부를 하는 것,
돈을 버는 것,
친구를 만나는 것,
결혼해서 자식을 낳는 것,
여행을 하는 것
결국은 행복하기 위한 몸부림 아닐까?

그럼 어떻게 살아야 행복할 수 있을까?
아무리 공부를 잘 해도,
아무리 돈을 많이 벌어도,
아무리 좋은 친구를 만나도,
아무리 결혼을 잘해도,
아무리 자식이 잘되도,
아무리 여행이 즐거워도
감사함이 없으면 불행할 것이다.

결국 행복은 내가 지금 갖고 있는 것에 대해
얼마나 감사할 수 있느냐에 달려있지 않을까?

사람이 얼마나 행복한가는 그의 감사의 깊이에 달렸다.
- 존 밀러(J. Miller) -

인생을 어떻게 살아야 행복할 수 있는지
성경은 답을 하고 있다.

항상 기뻐하라
쉬지 말고 기도하라
범사에 감사하라
이것이 그리스도 예수 안에서
너희를 향하신 하나님의 뜻이니라
- 데살로니가전서 5장 16~18절 -

괴로운 일 투성인데,
어떻게 항상 기뻐하라고 하는가?
피곤해 죽겠는데,
어떻게 쉬지 말고 기도하라고 하는가?
고통거리 투성인데 어떻게 모든 일에 감사하라고 하는가?
그것들은 성인들이나 할 수 있는 일 아닌가?
아니다. 우리도 할 수 있다.

지금 이렇게 이 글을 읽을 수 있음에 감사하자.
지금 내 곁에 가족이 있음을 감사하자.
물론 당신 곁에 아무도 없다고 느낄 수 있다.
분명 그 생각은 틀렸다.
당신을 창조하고, 당신이 이 땅에서 행복하기를 바라는
하나님이 당신 곁에 계신다.

나는 이 우주에서 단 한명이다.
이 우주에서 유일한 존재인 것이다.
오늘 감사한 마음을 갖자.
그래서 오늘 행복하자.
내일은 내일 일뿐이다.

02 행복은 입맞춤과 같다

행복은 입맞춤과 같다.
행복을 얻기 위해서는
누군가에게 행복을 주어야만 한다.
- 디어도어 루빈(Theodore Issac Rubin) -

행복해지는 것은
서로가 서로에게 빚이자 의무이다.
돈과 명예, 마음의 평안을
모두 얻었을 때에만 행복해지는 것이 아니
다. 지금 행복해야 한다.
지금 감사해야 한다.
오늘 행복하자.
내일 일은 모른다.

내일은 없다고 살아라.
오늘이 내일이다.
- 밥 호프(Bob Hope) -

03 성공이 행복의 열쇠가 아니라 행복이 성공의 열쇠다

아침 출근길 지하철 4호선 동작역을 지날 무렵
지하철 승무원이 한 말이다.
"성공이 행복의 열쇠가 아니라,
행복이 성공의 열쇠다.
오늘도 행복한 하루 보내세요."
사무실에 도착하여 인터넷을 검색해보니,
위 명언을 한 사람은
알버트 슈바이처(Albert Schweitzer) 박사다.

슈바이처 박사는
"행복이 성공의 열쇠이다"라는 말에
이어서 이런 말을 했다.
"자신의 일을 진심으로 사랑하는 사람이라면
그는 이미 성공한 사람이다."

과일장사를 하든, 공장에서 일을 하든,
변호사를 하든, 식당을 하든,
그 무슨 일을 하든
자신의 일을 사랑하는 사람은
 '감사하는 마음' 이 있는 사람이다.
결국 범사에 감사하는 마음이
나를 행복하게 하는 마음이고,
나의 이웃을 행복하게 하는 마음이다.

04 이율배반(二律背反)적인 삶

미국의 월스트리트저널이 실시한 여론조사에서
'당신은 무엇이 성공이라고 생각하십니까?'
하는 질문에 다음과 같은 결과가 나왔다.
1. 좋은 부모가 되는 것 95%
2. 행복한 결혼생활 90%
3. 좋은 친구를 갖는 것 83%
4. 자기 분야에서 정상이 되는 것 80%
5. 권력 또는 영향력을 소유하는 것 16%
6. 부자가 되는 것 12%
7. 명예를 얻는 것 8%

두 번째 질문은 '당신은 지금 무슨 일에
가장 시간을 많이 투자하고 있습니까?'였고,
그 결과는 다음과 같다.
1. 돈 버는 일에 95%
2. 명예를 얻기 위해 90%
3. 권력과 영향력 있는 사람이 되는 일에 83%

4. 행복한 결혼생활에 20%
5. 좋은 친구관계를 유지하는 일에 10%
6. 좋은 부모가 되기 위한 일에 7%

미국사람들만 이율배반적인 삶을 살까?
나도, 우리나라 사람들도 그렇게 살고 있지 않을까?
삶의 우선 순위가 돈이 되는 삶에서는
돈을 벌지 못하면 실패한 인생이고, 불행한 인생이다.
그처럼 돈을 우선으로 하는 삶은 너무 비참하다.

가톨릭 신부님처럼
가방 하나 들고 자리를 옮기시는 분이 아니지 않는 한
돈에서 자유로운 사람은 없을 것이다.
아니 신부님조차도
돈에서는 완전히 자유롭지는 못할 것이다.

'곳간에서 인심난다'는 말이 있다.
마음으로 좋은 부모가 되고,
좋은 친구가 되고, 좋은 배우자가 되겠다고
다짐하는 것도 필요하지만, 일단 곳간을 채워야 한다.
그 곳간에는 돈도 채워야 하지만,
사랑도 채우고, 불쌍히 여기는 마음도 채우고,
그리운 마음도 채워야 한다.

채울 것이 하나도 없는가?
그렇다면 기도하는 마음이라도 채워야 한다.
이웃을 위해 중보기도할 때 나도,
그 이웃도 행복해질 것이다.
내가 나의 이웃을 위해 무엇을 해줄 수 있다는 것
그것만으로도 나는 행복하다.

내가 한 때 이곳에 살았음으로 해서
단 한 사람의 인생이라도 행복해지는 것
이것이 진정한 성공이다.

- 랄프 왈도 에머슨(Ralph Waldo Emerson) -

05 그냥그냥 전화 할 수 있다

그냥 심심해서 불러볼 수 있다.
그냥 밥 얻어 먹을 수 있다.
그냥 부탁할 수 있다.
이유없이 '그냥' 만나는 사람을 친구라 말한다.
그래서 친구는 '그냥'이다.

마음이 따뜻한 분으로부터 받은 글이다.
사람들은 나랑 이야기하면 즐겁다고 한다.
그런데, 나는 그렇게 즐거운 대화를 하기 위해서
대화중에도 다음 대화주제를 생각하곤 한다.
더군다나 직업이 변호사이다보니
대화를 이끄는 경우도 많다.

그런데 친구는 그럴 필요가 없다.
그냥 바라보고만 있어도 된다.
그냥 하는 이야기를 들어만 줘도 된다.
그냥 손만 잡아줘도 된다.

그냥 보고 싶을 때
'사랑한다'는 문자 하나만으로도
장편 소설을 문자로 보내는 것과 같다.
나도 그런 '그냥'이라는 친구가 있다.

우리가 서로가 서로에게
그런 '그냥'이라는 친구가 된다면
이 세상은 더 살기 좋은 세상이 될 것이다.
세상은 그렇게 '그냥' 사는 것이다.

06 당근, 달걀 그리고 커피

남편이 운영하는 회사가 결국 부도처리되었다.
오늘 집으로 법원집행관이 찾아와
드라마에서만 보던 압류딱지를 여기저기 붙이고 갔다.
아이들은 창피해서 학교도 못 다니겠다며,
방안에 틀어박혀 있다.
결혼한지 8년, 짧지도 길지도 않은 세월을 사는 동안
힘든 일 참 많았지만, 지금만큼 힘든 적은 없었던 것 같다.

오늘따라 친정엄마 생각만 난다.
그래서 부산 친정으로 무작정 찾아갔다.
 "엄마, 나… 너무 힘들어."
등이라도 토닥이며 위로 해줄 줄 알았던
엄마는 갑자기 부엌으로 가 냄비 세 개에 물을 채우셨다.
그리고는 첫 번째 냄비에는 당근을 넣고,
두 번째 냄비에는 달걀을 넣고,
세 번째 냄비에는 커피를 넣으시는 것이었다.

팔팔 끓어오르기 시작한 세 개의 냄비.
그러고도 한참이 지나서야 불을 끄고
엄마는 내게 말하였다.
"이 냄비 속 세가지 사물 모두 역경에 처하게 되었다.
끓는 물이 바로 그 역경이었지."
세 가지 사물이 어떻게 대처했을 것 같니?

"당근은 단단해. 또 강하고 단호했지.
그런데 끓는 물과 만난 다음 당근은
한없이 부드러워지고 약해졌어.
반면에 달걀은 너무나 연약했단다.
그나마 껍데기가 있었지만,
너무 얇아 보호막이 돼주진 못했다.
그래서 달걀은 끓는 물을 견디며
스스로가 단단해 지기로 결정했어.
그런데 커피는 좀 독특했어.
커피는 끓는 물과 만나자
그 물을 모두 변화시켜 버린 거야."

어느새 눈물이 흐르고 있었다.
"우리 딸 힘드니?
너는 지금 당근일까, 달걀일까, 커피일까?"

지난해 지인으로부터 받은 글이다.
참 지혜로운 어머니 이야기이다.
어려움을 만났을 때 나의 모습은 당근이었을까?
커피였을까?
참 견디기 힘든 시간, 너무 마음 아픈 시간, 고요한 시간
모두 나의 인생이다.

내가 당근이면 어떻고, 계란이면 어떻고, 커피면 어떤가?
그 모든 것이 나의 삶의 일부분이다.
남과 비교하지 말자.
하나님이 각 사람에게 주신 달란트가 다를 뿐이다.
호박꽃도, 장미꽃도 그냥 자기 자리에서
자신의 꽃만 피우면 된다.

하늘이 사람에게 큰일을 맡기려 할 때에는
반드시 먼저 그 마음을 괴롭히고,
그 몸을 지치게 하고, 육체를 굶주리게 하며,
또한 생활을 궁핍하게 하여
하는 일마다 어긋나고 틀어지게 만든다.
이것은 그들의 마음을 움직여서
인내심을 기르게 하고, 어려운 일을 더 많이 해낼
능력을 길러주기 위함이다.
- 이명섭의 '사랑이 내게 아프다고 말할 때' 중에서 -

07 사자가 밀림의 왕인 이유

사자가 밀림에서 가장 강한 동물인 이유는
거대한 물소를 사냥할 수 있어서가 아니라
적들이 있는 가운데서도 배를 까뒤집고
몇 십 시간을 잘 수 있기 때문에
강자라고 이야기 할 수 있는 겁니다.
그래서 우리는 강자가 되기 위해
늘 자신을 몰아붙이는 것이 아니라
자기에게 충분히 휴식을 줄 수 있는 시간,
그 휴식을 주는 시간을 조급해 하지 않는 마음이 필요합니다.

방송인 김제동이 한 말이다.
참 지혜로운 말이다.
내가 나를 사랑하고, 나를 존중하지 않는데
누가 나를 사랑하고, 나를 존중하겠는가?
물론 지금 이 순간
커피 한잔 할 시간이 없을 정도로 바쁠 수 있고,
단 하루도 마음 편히 쉴 수 없을 정도로

마음의 여유도 없을 수 있다.
그렇더라도 일정 시간 나에게 쉼을 주자.
나를 격려하고, 나를 더 응원해 주자.
그 쉼은 여러 가지 방법이 있을 것이다.
친구들과의 만남이든, 독서든, TV시청이든,
취미생활이든 아니면 그냥 먼 산 바라보기 등
무엇이든 좋다.
나의 몸과 마음을 쉬게 해주자.

싫은 일은 하지 마라.
미운 사람은 만나지 마라.
가기 싫은 것은 가지 말고
먹기 싫은 것은 먹지 마라.
살아보니 인생은 짧더라.
경우에 어긋나지 않으면
너 자신에게 먼저 집중하고 살아라.
- 안은영의 '여자공감' 중에서 -

08 톨스토이의 세 가지 질문

톨스토이가 쓴 '세 가지 질문'이라는 책이 있다.
그 책에서 왕은 질문을 던진다.
가장 중요한 시간이 언제이고,
가장 중요한 사람이 누구이고,
가장 중요한 일이 무엇인지?
그리고 그 답을 얻기 위해 한 성자를 찾아간다.

성자는 말한다.
 '가장 중요한 시간은 지금 바로 이 순간이다.
지금 이 순간이라는 시간이야말로 모든 것을 지배하기 때문이다.
가장 소중한 사람은 지금 당신과 함께 있는 사람이다.
지금 당신과 함께 있는 사람 외에 다른 사람과는
그 어떤 일도 도모하지 못하기 때문이다.
마지막으로 가장 중요한 일은
지금 당신과 함께 있는 사람에게 선행을 베푸는 일이다.'

'내일 일은 날 몰라요' 라는 찬양이 있다.
맞는 말 아닌가?
정말 내일 일은 모른다.
우리는 결국 하루하루 사는 것이다.
그 하루 감사하는 마음으로 살자.
기왕 사는 거, 곁에 있는 사람이 행복하도록
마음을 다하여 도와주자.
결국 내 곁에 있는 사람 때문에
행복하고, 불행하지 않는가?

내 곁에 있는 사람이 행복하도록 마음을 다하는 것은
곧 내가 행복해지는 지름길이다.

09 인생은 60부터

77세 은퇴 후 노인학교에 나가
잡담을 하거나 체스를 두는 한 노인이 있었다.
그가 어느 날 체스를 둘 상대가 없어 멍하니 앉아 있자,
그를 본 젊은 자원봉사자가
 "할아버지, 그냥 앉아 계시지 말고
미술실에 가서 그림이나 그려보시는 게 어때요?"
 "내가 그림을? 나는 붓 잡을 줄도 모르는데…"
 "그야 배우면 되지요."
 "그러기엔 너무 늦었어, 난 일흔이 훨씬 넘었는 걸."
 "제가 보기엔 연세가 문제가 아니라,
할 수 없다고 생각하는 마음이 더 문제인 것 같은데요."

젊은이의 핀잔은 노인으로 하여금 미술실을 찾게 했고,
그는 매일 거르지 않고 열심히 그림을 그렸다.
노인은 연륜이 묻어나는 성숙한 그림을 그렸고,
101세 때 22회 전시회를
마지막으로 눈을 감을 때까지 수많은 작품을 남겼다.

그 노인은 미술평론가로부터
 '원시적인 눈을 가진 미국의 샤갈'이라는 평가를 받는
해리 리버만(Harry Lieberman)이다.
참 멋진 할아버지이다.

내 나이 올해 50세.
해리 리버만에 비하면 한 참 어린 나이다.
나는 앞으로 변호사 업무를 88세까지 38년 정도 더 할 생각이다.
88할 때까지.
또한 '변호사 김양홍의 행복한 동행' 내용으로
더불어 사는 세상이, 더불어 행복한 세상임을 이야기하는
 "행복한 동행" 강의를 말할 수 있는 한, 하고 싶다.

88세 이후에는 무엇을 할까?
만약 그 때까지 살아 있다면, 영어공부를 시작하고 싶다.
내가 다시 태어난다면 꼭 하고 싶은 것이 영어공부이기 때문이다.
생각만 해도 행복하다.
I'm happy!

현명한 사람이란? 항상 공부하는 사람이다.
강한 사람이란? 자신을 통제할 줄 아는 사람이다.
부유한 사람이란? 가진 것에 행복해 하는 사람이다.
- 탈무드 -

10 체로키족 늑대이야기

체로키족 인디언 추장이
어린 손자에게 사람들의 내면에서
일어나는 싸움에 대해 이야기 한다.
"내 아이야, 우리들 안에는
두 마리의 늑대가 싸움을 벌이고 있단다.
한 마리는 사악하지.
그건 분노, 시기, 질투, 슬픔, 후회, 욕심, 교만,
자기연민, 죄책감, 열등감, 거짓말,
거짓된 자존심, 우월감 그리고 아집이란다.
다른 한 마리는 선량하단다.
그건 즐거움, 평화, 사랑, 희망, 평온함,
겸손함, 친절함, 박애심, 공감,
너그러움, 진실, 연민 그리고 믿음이야.
똑같은 싸움이 네 안에서도 일어나고 있지."
손자는 잠깐 동안 그것에 대해 생각하고는
할아버지에게 물었다.
"어느 늑대가 이겨요?"

늙은 체로키는 대답했다.
"네가 먹이를 주는 쪽"
- 김덕성 정귀수 장서연 '살려는 드릴게' 중에서 -

참 지혜로운 체로키족(Cherokee) 이야기이다.
누구에게나 내면에는 두 마리의 늑대가 존재한다.
어느 늑대에게 먹이를 주느냐에 따라 삶의 모습이 달라진다.
그 늑대에게 주는 먹이는 곧 '습관' 아닐까?
기왕 먹이 주는 것, 선량한 늑대에게 먹이를 많이 주자.
이는 나 자신에게 하는 말이다.

아래 글은 체로키족 인디언들이
아이의 탄생을 축복하는 기도라고 한다.
인생을 달관한 사람의 기도 같다.

이제 또 한 사람의 여행자가 우리 곁에 왔네.
그가 우리와 함께 지내는 날들이
웃음으로 가득하기를.
하늘의 따뜻한 바람이 그의 집 위로 부드럽게 불기를.
위대한 정령이 그의 집에 들어가는
모든 이들을 축복하기를.
그의 모카신 신발이
여기저기 눈 위에 행복한 발자국을 남기기를.

※ 모카신(Moccasin)은 북미 인디언들이 신는 뒷축 없는 사슴 가죽 구두를 말한다.

사람은 태어나면 반드시 죽는다.
우리 모두는 죽음으로 가는 여행길에 선 나그네이다.
그 여행길에 함께 웃고 가자.
그 여행길에는 분명 비바람도 불고,
눈보라도 칠 것이다.
서로가 서로에게 그 여행을 잘 할 수 있도록
도울 수 있을 만큼 돕자.
그래서 함께 하는 이에게 좋은 추억을 남기자.
여기저기에 행복한 발자국을 남기자.
그리고 지금 당장 남기자.
많고 많은 행복한 발자국을 …

11 Let me go!

미국 오클라호마 주립대학교 한 연구팀이
동물의 지능적 한계를 알아보기 위해
15살 침팬지에게 140여개의 낱말을 가르쳤다.
그 침팬지가 배운 낱말을 결합해
자기 생각을 표현을 할 수 있게 되었을 때
맨 처음 한 말은 "Let me go!(나를 놓아 달라)"였다.
- 김홍신 소설가 강의 내용 -

결혼은 스스로 자유를 구속시키는 행위다.
왜 사람들은 자유가 구속되는 결혼을 하는 걸까?
그것은 사랑 때문이다.
사랑은 자유의 구속도 구속으로 느껴지지 않기 때문이다.

결혼생활 중 자유가 구속되고 있다는 생각이 들 때는
배우자를 더 사랑하지 못하고 있음을 반성하자.
자유의 구속조차도 자각하지 못하는 결혼생활이
진짜 행복한 삶이다.

결혼한 부부는 서로가 서로의 종이 되어야 한다.
배우자를 위해서는 자유권을 포기하자.
더 내려놓자.
밥상이 달라질 것이다.
웬수같은 배우자가 천사로 보일 것이다.
그렇게 착각하면서 살자.
착각은 '자유'니까…

12 참회(懺悔)

참회(懺悔)의 '참'은
과거로부터 지금에 이르도록 지은
잘못을 뉘우치는 것이고,
'회'는 지금으로부터 미래에 이르도록 지을
허물을 뉘우치는 것입니다.
저는 가톨릭 신자이지만
날마다 108배를 하며 참회기도를 합니다.
제가 알고 있는 잘못이나 거짓뿐 아니라
지은 줄 모르거나 잊어버린 허물까지도 참회합니다.
제가 잘못을 했거나 기억하지 못하는 질투나 시샘,
남의 마음을 아프게 했거나
속상하게 했거나 기분 나쁘게 했거나 참회합니다.
마음을 몰라준 것까지
그러면 제 영혼이 평온해지고 미운 감정이 없어지며,
헤매던 어둠 속에서 걸어 나오는
자유인이 되기 때문입니다.
싫은 것이야 어쩔 수 없더라도
미운 것이 사라지니 살맛이 납니다.

- 김홍신의 '인생견문록' 서문 중에서 -

김홍신 선생은 자신을 위한 기도는
이렇게 한다고 한다.

"오늘 살아있게 해주셔서 참 고맙습니다.
오늘 세상을 위해 조금이라도 보탬이 되어 살겠습니다.
오늘 웃고 재미있고 건강하게 살겠습니다.
잘 사랑하고 용서하고 배려하고 베풀며 살겠습니다."
- 2016.5.7.자 조선일보 김홍신 인터뷰기사 -

김홍신 선생은
 '이 모든 것이 잘 죽기 위해서' 라고 하신다.
말씀 하나 하나가 삶의 지침서이다.
인생은 죽음으로 가는 긴 여정이다.
삶을 아름답게 마감하는 것은 우리들의 책무이다.
한 오백년 살 것처럼 언행하지 마라.

13 링겔만 효과
(Ringelmann effect)

개인의 수가 증가할수록 성과에 대한 1인당의 공헌도가
현격히 저하되는 현상을 링겔만 효과라고 한다.
독일의 심리학자 링겔만(Ringelmann)의
줄다리기 실험에서 비롯된 개념이다.

링겔만은 집단에 속해 있는
개인의 공헌도를 측정해 보기 위해
줄다리기 실험을 했는데,
1:1 줄다리기를 하면 100% 힘을 발휘하지만,
2:2로 하면 93%,
3:3으로 하면 85%,
8:8로 하면 64%의 힘만 발휘되는 것으로 밝혀졌다.
이는 개인이 여러 명 중 한 사람에 불과할 때는
자신의 전력을 모두 쏟지 않는다는 것을 나타내는 결과였다.

이 링겔만 효과는 '나 하나쯤이야' 라고 생각하지 말고,
주인의식을 갖고 행동하자는 교훈으로 많이 인용되는 실험결과이다.

그런데 나는 반대로 해석하고 싶다.
1:1일 때는 100% 힘을 발휘해야 하지만,
8:8일 때는 64%의 힘만 발휘해도 된다는
역설(逆說)이 성립한다.
즉, 혼자 할 때는 100%의 힘이 필요하지만,
8명이 함께 하면 64%의 힘으로도
거뜬히 일을 할 수 있다는 것이다.

또한 줄다리기 실험 하나만으로
모든 사람들이 여러 명 중 한 사람에 불과할 때는
자신의 전력을 쏟지 않는다고 단정하는 것은
부분을 전체로 착각하여 범하는
전형적인 일반화의 오류이다.

암튼, 분명한 것은
함께 하면 힘이 덜 든다는 점이다.
더불어 사는 삶이, 더불어 덜 힘든 삶이다.
더불어 사는 세상이, 더불어 행복한 세상이다.

14 그대가 누구와 만나고 있는가를 말해보라

그대가 누구와 만나고 있는가를 내게 말해보라.
그러면 나는 그대에게 그대가 어떤 사람인가를 말해주겠다.
- 괴테(Goethe) -

사람들은 끼리끼리 논다.
말 그대로, 유유상종(類類相從)이다.
나랑 비슷하지 않으면 내가 불편하기 때문에
나랑 비슷한 사람을 만날 수밖에 없다.

행복하려면, 행복한 사람을 만나야 한다.
좋은 사람이 되려면, 좋은 사람을 만나야 한다.

반면에 내가 행복하지 않으면, 행복한 사람을 만나기 쉽지 않다.
내가 좋은 사람이 아니면, 좋은 사람을 만나기 어렵다.

그래서 우리는 서로가 서로에게 행복해야 할 의무가 있고,
좋은 사람이 되어야 할 책무가 있는 것이다.

만약 내 곁에 나쁜 사람이 있다면 먼저 나를 돌아 봐야 한다.
그리고 그 나쁜 사람은 반드시 피해야 한다.

2010년 가을 교보문고 광화문 글판에
이 괴테 명언을 토대로 다음과 같은 글이 걸렸다.

지금 네 곁에 있는 사람,
네가 자주 가는 곳, 네가 읽는 책들이
너를 말해준다.

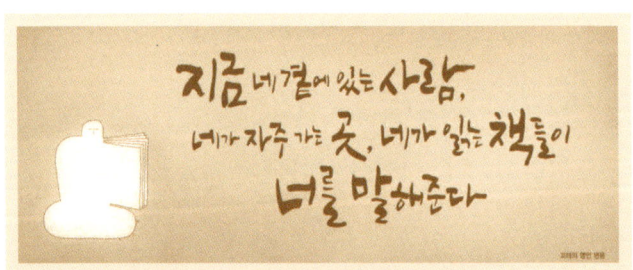

15 희망이란

희망이란 본래 있다고도 할 수 없고
없다고도 할 수 없다.
그것은 마치 땅 위의 길과 같다.
본래 땅에는 길이 없었다.
걸어가는 사람이 많아지면
그것이 곧 길이 되는 것이다.
- 루쉰(魯迅) -

루쉰 말처럼 내가 '걸어가면' 희망이 된다.
그냥 생각하는 것만으로는 희망이 될 수 없다.
무엇인가를 하면서 희망을 갖자.
절망하고 사느냐 희망을 갖고 사느냐
전전적으로 나에게 달려있다.
일체유심조(一切唯心造),
모든 것이 마음먹기에 달려있다.
지금 당장 하자.
지금(present) 이 시간이
우리들 인생의 가장 큰 선물(present)이다.
오늘은 24절기 중 대서(大暑)라고 한다.
큰 더위에, 큰 희망 하나 가져 보자.

16 어느 할아버지의 1009번째 도전

다섯 살 때 아버지가 돌아가셨다.
일을 하는 어머니를 대신하여
요리를 하기 시작했다.
7학년 때 학교를 중퇴하고,
어머니가 재혼한 뒤
의붓아버지의 폭력을 피해 집을 나왔다.
그 후, 증기선 조종사, 농부, 보험판매원, 군인 등
닥치는 대로 일을 했다.

40세에, 켄터키주(州) 코빈에 있는
주유소에서 근무하면서 손님들을 대상으로
닭요리와 간단한 음식을 판매하기 시작했다.
식사 공간이 없었기 때문에,
주유소 내의 작은 거주공간을 식당으로 활용했다.
손님들 사이의 평판이 좋아지자,
142명 가량을 수용할 수 있는
대형 레스토랑이 있는 모텔에서 요리사로 발탁되었다.

그 후 9년간,
그는 자신만의 독특한 닭고기 조리법을 개발했다.
또한 당시 일반적으로 사용하던
팬 형식의 튀김기계가 아니라
닭을 신속하게 조리할 수 있는 압력 튀김기계를 도입했다.

특유의 성실함 덕분에 그는 황혼의 나이에
그럴싸한 레스토랑을 갖게 된다.
그것도 잠시, 주정부가 그 레스토랑 앞으로
고속도로를 내어 영업을 못하게 되고,
설상가상으로 화재가 나서 파산한다.
그의 나이 65세 때 일이다.
그의 손에 남은 것은 사회보장비 명목으로
주정부로부터 받은 100달러.
100달러를 손에 쥔 이 할아버지는
자신의 트럭에 압력솥을 싣고 길을 떠난다.
그 동안 레스토랑을 운영하며
꾸준히 개발해 온 독특한 요리법을 팔기 위해서이다.
트럭에서 잠을 자고, 주유소 화장실에서 면도를 하며
조리법을 팔러 미국 전역을 돌아다닌다.
하지만, 이 허름한 노인에게 로열티를 지급하고
조리법을 사 줄 식당 주인은 없었다.

그는 절망 속에서도 이렇게 생각했다.

"실패하면 방법을 달리해서 또 도전한다.
할 때까지, 될 때까지, 이룰 때까지."
그는 늦은 나이에 1008번이나 문전박대를 당한다.
1009번째 도전.
드디어 그의 조리법을 사겠다는 사람이 나타났다.
그 도전의 주인공은
전 세계 KFC 매장 앞에
하얀 양복을 입고, 하얀 수염을 달고
환하게 웃고 있는 친숙한 할아버지는
세계적인 패스트푸드 외식업체인
KFC(Kentucky Fried Chicken) 창업자
샌더스(Harland David Sanders)이다.

참 대단한 할아버지이다.
65세면 인생을 마무리 할 나이라고 생각할 수도 있을 텐데,
그는 108번도 아닌 1008번 거절당하고도
1009번 도전하여 지금의 KFC를 이루었다.

샌더스가 65세 늦은 나이에도
1009번째 도전하게 한 동력은 무엇일까?
그것은 그가 수많은 인생의 폭풍우 속에서도
견뎌냈기 때문 아닐까?
그의 삶이 평탄했다면
결코 그렇게 도전할 생각을 못했을 것이다.

결국 세상살이는 공짜가 없는 것 같다.
성공한 사람들의 뒷면에는
반드시 그들의 땀과 눈물이 있는 것이다.
지금 많은 땀과 눈물을 흘리고 있다면,
성공이 내 곁에 가까이 와 있다는 신호다.
감사한 마음으로 감당하자.
오늘은 분명 내 남은 생애 가장 젊은 날이다.

나는 녹이 슬어 사라지기보다
다 닳아빠진 후 없어지리라.
- KFC 창업자 할랜드 데이비드 샌더스(Harland David Sanders) -

17 포기하지 않은 개구리가 버터를 만든다

개구리 두 마리가 우유통에 빠졌다.
한 마리는 우유통 벽이 미끄럽고 깊으니
모든 것이 끝났다고 체험하다 곧 죽었고,
다른 한 마리는 그냥 죽을 수 없다고 생각하고,
쉬지 않고 뛰어 올랐다.
그렇게 힘차게 우유를 저어
우유병 뚜껑을 향해 뛰다 보니
어느새 우유가 굳어 버터로 변했다.
개구리는 단단해진 버터를 딛고 뛰어 올라 살아났다.
'포기하지 않은 개구리가 버터를 만든다'는
서양속담 이야기다.

위험한 고비나 시기를 뜻하는
위기(危機)라는 한자 단어를 살펴보자.
위태롭다 위(危)에, 기회(機會) 기(機)자다.
위기란 위태로운 상황이기도 하지만,

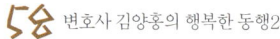

다른 한편 기회이기도 하다.
스티브 잡스가 자신이 만든 Apple사로부터
해고당하지 않았다면,
오늘날 iPhone의 혁명은 없었을 것이다.

죽음은 삶이 만든 최고의 발명품이다.
다르게 생각하라.
- 스티브 잡스(Steve Jobs) -

18 牛生馬死 (우생마사)

말은 소보다 헤엄을 잘 친다.
저수지 같이 고여 있는 물에서는 말도 소도 잘 빠져 나온다.
그런데, 말과 소가 홍수로 인한 급류에 빠졌을 때는
말은 죽고, 소는 살아 나왔다.
어떻게 된 일일까?
헤엄을 잘 친다는 말은 강한 물살을 거슬러 올라가려다
결국 지쳐서 죽고 만다.
반면에 소는 거센 물살을 거스르지 않고 흐름에 맡기면서
서서히 강가로 이동해 목숨을 건진 것이다.
바로 우생마사(牛生馬死)의 고사다.

말과 소가 급류에 빠진 원인은
분명 '욕심이나 집착'일 것이다.
급류인 경우에는 물을 건너지 말아야함에도
건너야겠다는 욕심으로 건너다 빠진 것이다.
물론 내 의지와 관계없이 급류에 빠질 수 있다.
그때는 무조건 발버둥칠 것이 아니라
어떻게 하는 것이 올바른 행동인지
한번쯤 자신을 돌아봐야 한다.

소처럼 거친 물살의 흐름에 맡기면서
그 시간을 견뎌내야 한다.

음식도 급하게 먹으면 체할 때가 많듯이
세상일 특히, 법적인 일은
급하게 서두를 때 문제가 많이 생긴다.
급류도 언젠가는 멎게 되어 있다.
급할수록 돌아가야 한다.
그리고 이 또한 지나갈 것이다.

19 반드시 밀물이 오리라

미국의 철강왕 카네기는
젊은 시절 세일즈맨으로
이 집 저 집을 방문하며 물건을 팔러 다녔다.
어느 날, 한 노인댁을 방문하게 되었는데,
그 집을 들어서자마자 카네기를
압도한 것이 있었다.
그것은 그 집의 벽 한 가운데 걸린 그림이었다.
그 그림은 한 쓸쓸한 해변에
초라한 나룻배 한 척과 낡은 노가
썰물에 밀려
백사장에 제멋대로 널려있는 그림이었다.

그런데 그 그림 하단에는
 '반드시 밀물은 오리라 그 날 나는 바다로 나가리라'
라는 짧은 글귀가 적혀 있었다.
카네기는 그림과 글귀에 크게 감명을 받았다.
집에 돌아와서도 그는
그 그림으로 인하여 잠을 이룰 수 없었다.

그래서 다시 그 노인을 찾아가
그 그림을 자신에게 달라고 간절히 부탁하였다.
그의 부탁은 받아들여져 결국
그 노인은 그 그림을 카네기에게 주었는데, 카네기는
그 그림을 그의 사무실에 평생 걸어 놓았다.
　'반드시 밀물은 오리라'는 메시지와 함께
그 그림은 카네기의 일생을 좌우한
굳건한 신조가 되었던 것이다.

인터넷에서 떠도는 유명한 카네기 일화이다.
카네기도 세일즈맨으로 일할 때는
무척 힘든 상황이지 않았을까?
그래서 '반드시 밀물은 오리라'는 글귀가
가슴 벅차게 다가 왔을 것이다.

　'세상에 공짜 없다'는 말이 맞는 것 같다.
카네기에게 그런 힘든 상황이 없었다면
과연 철강왕이라는 말을 들을 수 있었을까?
요새 경제가 어려워져서 그런지
만나는 사람마다 다들 힘들다고 한다.

　'인생의 썰물'인 사람들이 많은 것 같다.
지금 당장은 바다로 나갈 수 없지만
언젠가는 '인생의 밀물'이 올 것이다.
그것이 자연의 이치이자 삶의 이치다.

내일 일은 내일이 염려하게 하자.
인생의 밀물이 올 때
드넓은 바다로 힘차게 나아 가자.
그리고 그 바다에서 함께 고기도 잡고,
함께 노래도 부르자.
생각만 해도 행복하지 않는가?
그렇게 우리 지금 이 시간 행복하게 살자.
생각한대로 이루어진다.

20 걸림돌과 디딤돌

길을 가다가 돌을 만나면
약자는 걸림돌이라 하고
강자는 디딤돌이라고 한다.
- 토마스 칼라일(Thomas Carlyle) -

영국의 역사가이자 사상가인 토마스 칼라일은
7년에 걸쳐 완성한 '프랑스 혁명사' 원고를
친구인 존 스튜어트 밀에게 읽어보라며 보여주었다.
그런데 존 스튜어트 밀이 실수로
그만 원고를 난로에 떨어뜨려 모두 타버렸다.
식음을 전폐하며 괴로워하던 토마스 칼라일은
어느 날 길을 걷다가 벽돌을
한 장씩 쌓아올리는 공사장 인부들을 보며
다시 집필할 용기를 얻고
처음보다 더 훌륭한 원고를 완성할 수 있었다.
그 후 그는 같은 장애물을 두고
어떻게 생각하느냐에 따라
결과가 달라진다 생각하며 이 말을 남겼다고 한다.

길을 가다가 만나는 돌은 걸림돌이든 디딤돌이든
누구나 지나갈 수 있는 돌이다.
걸림돌이라 생각하니까 걸림돌이 되는 것이다.
막히면 돌아가자.
그냥 걸림돌이라고 주저앉아 있으면
한발짝도 나가지 못한다.

그리고 함께 가자.
아무리 큰 걸림돌이라도
여럿이 힘을 합치면 못건널 이유가 없다.
우리는 모든 것을 할 수 있다.
단지 지금 내가 못한다고 생각할 뿐이다.

내게 능력 주시는 자 안에서
내가 모든 것을 할 수 있느니라
- 빌립보서 4장 13절 -

21 춘화현상
(春化現象)

호주 시드니에 사는 교민이 고국을 다녀가는 길에
개나리 가지를 꺾어다가 자기 집 앞마당에 옮겨 심었다.
이듬해 봄이 되어 맑은 공기와 좋은 햇볕 덕에
가지와 잎은 한국에서보다 무성했지만, 꽃은 피지 않았다.
첫해라 그런가 보다 여겼지만 2년째에도,
3년째에도 꽃은 피지 않았다.
그리고 비로소 알게 되었다.
한국처럼 혹한의 겨울이 없는 호주에서는
개나리꽃이 아예 피지 않는다는 것이다.

인터넷에서 떠도는 사연이다.
가을에 심을 품종의 씨를 저온 처리하면
봄에 파종할 수 있는 씨로 되는 일을
춘화현상이라고 한다.

봄꽃(春花) 현상이 아니라 봄으로 되는(春化) 현상이다.
요즘 곳곳에 피어 있는 봄꽃 때문에 눈과 마음이 행복하다.

사진으로도 모두 담을 수가 없다.
꽃이 있는 곳마다 예술작품이다.
신기하게도 이 봄꽃들은
봄에 서로 연락이라도 한 듯 함께 꽃이 핀다.
이 봄꽃들은 추운 겨울을 거쳤기 때문에
그렇게 아름다운 꽃을 피우는 것이다.

우리네 인생살이도 이와 비슷한 것 같다.
늘 호주 시드니 날씨처럼
맑은 날씨의 인생이 좋은 듯 싶지만
아름다운 꽃은 피우지 못한다.
지금 고통스러운 시간을 보내고 있는가?

그렇다면 당신은 지금
아름다운 인생꽃을 피우기 위한
꼭 필요한 시간을 보내고 있는 것이다.
그렇게 인내의 시간을 보내면
나도 행복하고, 나의 이웃도 행복한
꽃피는 봄날이 올 것이다.

22 뿌린 씨앗으로 판단하라

당신의 하루를 거둔 열매로 판단하지 말고,
뿌린 씨앗으로 판단하라.

《보물섬》을 쓴 영국 소설가 로버트 루이스 스티븐슨
(Robert Louis Stevenson)가 한 말이다.
씨앗을 뿌리지 않고,
열매를 기다리는 것은 어리석은 행동이다.
씨앗을 얼마 뿌리지도 않고,
많은 열매를 기다리는 것은 욕심쟁이의 마음이다.

고려 때 어린이들의 학습을 위하여
중국 고전에 나온 선현들의 금언(金言)을
편집하여 만든 명심보감(明心寶鑑)에도
종과득과(種瓜得瓜) 종두득두(種豆得豆)라는 말이 나온다.
참외 씨앗을 심으면 참외를 얻고,
콩을 심으면 콩을 얻는다는 뜻이다.
그렇게 심은 대로 거두는 것이 세상 이치다.

지금 내가 뿌린 씨앗이
나의 하루이자, 나의 인생이다.

나무는 각각 그것의 열매로 아나니
가시나무에서 무화과를,
또는 찔레에서 포도를 따지 못하느니라
- 누가복음 6장 44절 -

23 배설물은 밭에 있으면 거름이 된다

배설물은 방에 있으면 오물이지만,
밭에 있으면 거름이 된다.
우리가 지니고 사는 근심, 아픔, 두려움 따위를
마음에 그대로 두면 고통일 뿐이지만,
마음 밖에 두고 바라보면 지혜가 될 것입니다.
- 김홍신 '인생견문록' 중에서 -

근심은 해결되지 않는 일 때문에
속을 태우거나 우울해 하는 것이고,
걱정은 안심이 되지 않아 속을 태우는 것을 말한다.
근심걱정 모두 속을 태운다는 점에서
도긴개긴(도진개진은 잘못된 표현이다)이다.

세상만사 근심걱정한다고 해결되면
언제 어디서나 근심걱정하며 살 것이다.

김홍신 선생님 말씀처럼 근심걱정은 내 마음 밖에 두고,
오늘 내가 할 수 있는 일을 하자.
내가 할 수 없는 일을 생각한다고 해서
그 일이 저절로 되지는 않지 않은가?

비가 오는데 우산이 없으면, 그냥 비 맞자.
아니면 근처 나무 밑에서 비가 그치길 기다리자.
내리는 비가 근심걱정한다고 해서 그치지 않지 않는가?
지금 내리는 비가 소나기라면 금방 그칠 것이다.
한 여름 장맛비도 언젠가는 그친다.
모든 비는 반드시 그치게 되어 있다.
내일 일은 내일이 염려하게 하자.

24 일체유심조
(一切唯心造)

남의 마음을 다스리려 하면
세상은 점점 더 지옥이 되어 가지만
나의 마음을 다스리려 하면
세상은 점점 더 천국이 되어 갑니다.
이 땅에서는 천국도 지옥도 우리 안에 있습니다.
- 탁영철 목사 -

일체유심조(一切唯心造) 세상만사 마음먹기에 달려있다.
아무리 힘들더라도 범사에 감사하는 마음만 있으면 행복할 수 있다.
이는 하나님이 우리에게 주신 삶의 지혜이다.

항상 기뻐하라 쉬지 말고 기도하라 범사에 감사하라
이는 그리스도 예수 안에서 너희를 향하신 하나님의 뜻이니라
- 데살로니가전서 5장 16-18절 -

어떤 조건이 이루어졌을 때 하는
조건부 감사는 진짜 감사가 아니다.

땅만 보지 말고 하늘도 보고 살자.
하나님의 축복을 받아 세상 것은 다 누렸던
솔로몬도 이렇게 말했다.

다윗의 아들 예루살렘 왕 전도자의 말씀이라
전도자가 가로되 헛되고 헛되며 헛되고 헛되니
모든 것이 헛되도다
사람이 해 아래서 수고하는 모든 수고가
자기에게 무엇이 유익한고
한 세대는 가고 한 세대는 오되
땅은 영원히 있도다
- 전도서 1장 1~4절 -

하늘도 볼 수 있을 때 봐야 한다.
내일 일은 모른다.
오늘 감사하자.
그래서 오늘 행복하자.

우리 모두 서로가 서로에게 축복의 통로가 되자.
당신과 내가 복이 되자.

25 하루는
지나가는 게 아니다

그러므로 내가 너희에게 말하노니
무엇이든지 기도하고 구하는 것은 받은 줄로 믿으라
그리하면 너희에게 그대로 되리라
- 마가복음 11장 24절 -

오늘은 주일이다.
하나님께 간절히 기도하고 구하고,
그것을 받은 줄로 믿자.
믿겨야 본전 아닌가? 아니 이익이다.
기도는 사라지는 것이 아니라
그대로 쌓이는 것이기 때문이다.
하나님이 하나님의 때에
하나님의 방법으로 이루어 주실 것이다.
믿는 만큼 이익이다.

하루는 지나가는 게 아니다.
잘 살든, 못 살든
그 하루는 하나님 앞에서 쌓이는 거다.
- 다니엘 김 '철인' 중에서 -

26 인생은 곱셈이다

인생은 곱셈이다.
아무리 찬스가 와도
그대가 제로(0)라면 의미가 없다.
- 나카무라 미츠루 -

일본의 유명한 삽화가(illustrator)
나카무라 미츠루(中村滿)가 한 말이다.
나카무라 미츠루는 1978년생이라고 한다.
젊은 사람임에도 도인(道人) 같은 말을 했다.

100 곱하기 0은 0이다.
1,000 곱하기 0도 0이다.
10,000 곱하기 0도 0이다.
내가 0이면 모두가 0이다.

그래서 인생의 열매를 맺으려면
나를 다듬고 또 다듬어야 한다.

내일 시간 날 때 다듬을 것이 아니라
오늘 당장 다듬어야 한다.
지금 다듬을 것이 없으면
남을 이해하고 용서하는
마음의 그릇이라도 키우자.

흔히 사람들은 기회를 기다리고 있지만
기회는 기다리는 사람에게는 잡히지 않는 법이다.
우리는 기회를 기다리는 사람이 되기 전에
기회를 얻을 수 있는 실력을 길러야 한다.
- 도산 안창호 -

27 어떻게 하면 잡초를 없앨 수 있을까?

한 스승의 마지막 수업 날이었다.
스승은 제자들을 데리고 들판으로 나가 빙 둘러앉게 했다.
그리고 제자들에게 물었다.
"지금 우리가 앉아 있는 이 들판에는 잡초가 가득하다.
어떻게 하면 이 잡초들을 없앨 수 있느냐?"

평소에 생각해 본 주제의 질문이 아니었기에
제자들은 건성으로 대답하기 시작했다.
"삽으로 땅을 갈아엎으면 됩니다."
"불로 태워버리면 없앨 수 있을 것 같습니다."
"뿌리째 뽑아 버리면 됩니다."

스승은 제자들의 대답을 경청한 후 일어났다.
"이것이 우리의 마지막 수업이다.
집으로 돌아가 각자가 말한 대로

자신의 마음에 있는 잡초를 없애 보아라.
만약 잡초를 없애지 못했다면
1년 뒤 다시 이 자리에서 만나자."라고
말하고 헤어졌다.

1년 뒤 제자들은 무성하게 자란
자기 마음속 잡초 때문에
고민하다가 다시 그곳으로 모였다.
그런데 잡초로 가득했던 그 들판은
곡식이 가득한 밭이 되어 있었다.
그리고 들판 한편에 이런 팻말 하나가 꽂혀 있었다.

"들판의 잡초를 없애는 방법 중 가장 좋은 방법은
그 자리에 곡식을 심는 것이다.
마찬가지로 마음 속에 자라는 잡초 또한
선한 마음으로 어떤 일을 실천할 때 뽑아낼 수 있다."

어느 날 아침 받은 참 좋은 글이다.
불안, 초조, 근심, 걱정, 자만, 미움, 증오 등
우리들 마음의 잡초들이 얼마나 많은가?
 '감사'라는 곡식을 심자.
마음의 잡초들이 아무리 많을 지라도
감사라는 곡식만 심으면 그 잡초들을 모두 없앨 수 있다.

그리고 그 감사라는 곡식의 열매를
이웃들에게 나눠주면서 살아가자.

밭에 난 잡초를 뽑아서 거름을 만들 듯,
사람의 고민도 잡초와 같다.
뽑지 말고 내버려 두면 무성해져 곡식을 해하지만
일찍이 뽑으면 거름이 될 수 있다.
- 채근담 -

28 누구든지 자기를 낮추는 자는 높아지리라

전자기학의 아버지로 불리는
마이클 패러데이(Michael Faraday)는
영국 뉴잉톤에서 가난한 대장장이의 아들로 태어났다.
그는 지금의 초등학교 수준의 학교를 다니다 그만두고,
14세 때 서점에 책 만드는 견습공으로 취직,
책을 꿰매면서 공부를 했다.

어느 날 서점에 일을 맡기러 온 손님이
당시 유명한 화학자 험프리의 강의를
들을 수 있는 입장권을 그에게 선물했다.
패러데이는 그 강의를 듣고,
강의 내용을 그림까지 곁들여 무려 386쪽에 걸쳐 정리했다.
그가 자신이 정리한 강의노트를 험프리에게 보여주자
험프리는 그에게 실험실 도구를 정리하는 일을 맡겼다.

1813년 험프리 밑에서 과학 공부를 시작한
패러데이는 3년만에 처음으로 과학논문을 한편 발표하고,
그 논문 때문에 영국 왕립학회 회원까지 된다.
이후 패러데이는 전자기 유도 법칙을 발견하여
전자기학의 이론적인 틀을 마련했을 뿐 아니라,
발전기나 변압기를 비롯한
수많은 전기 기계의 기술적인 원리를 제시했다.

패러데이의 수많은 과학적 발견은
오늘날은 물론 당시 사회에도 큰 영향을 끼쳤다.
빅토리아 여왕은 직접 만찬에 초대해서
그의 업적을 치하할 정도로 유명해졌지만,
그는 오히려 과학 문명 때문에
런던의 템즈강이 오염되는 것을 걱정했다고 한다.
그는 한평생 검소하게 살았고,
보다못한 빅토리아 여왕이 직접 런던에 큰 저택을 마련해 주었지만,
그마저 사양했다.

또한 패러데이는 귀족 신분을 주겠다는 것도 사양했고,
영국 왕립학회 회장 자리도 마다했다.
누군가가 그의 성과물에 대해 특허를 내서 돈을 벌라고 하자,
그는 다음과 같은 이유로 거절했다고 한다.

과학적 성과는 세상 모든 사람들이 함께 누려야 합니다.
그것은 어느 한 개인의 것이 되어서는 안됩니다.
모든 사람들의 행복을 위해 유익하게 쓰여야 마땅하지요.

패러데이가 그렇게 훌륭한 과학자로 자리매김한
첫번째 이유는 '만남의 축복' 아닐까?
만약 패러데이가 험프리 강의를 들을 수 있는
입장권을 받지 못했다면,
패러데이가 험프리 강의를 듣지 못했다면
지금의 패러데이는 없었을 것이다.

또한 초등학교 학력의 패러데이가
험프리 강의 내용을 386쪽의 방대한 분량으로
정리할 수 있었던 것은
과학에 대한 호기심과 열정 때문 아니었을까?
우리 아이들을 국영수 달인으로만 키우지 말고,
호기심 천국에서 살게 해야 하지 않을까?

패러데이는 이웃사랑 정신이 투철하고,
무척 겸손한 사람이었음이 분명하다.

누구든지 자기를 높이는 자는 낮아지고
누구든지 자기를 낮추는 자는 높아지리라
- 마태복음 23장 12절 -

29 피그말리온 효과
(Pygmalion effect)

피그말리온 효과(Pygmalion effect)란
긍정적인 기대나 관심이 사람에게
좋은 영향을 미치는 효과를 말한다.

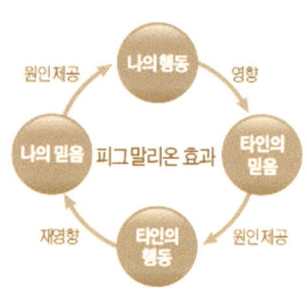

피그말리온 효과는
자신이 만든 조각상을 사랑한
피그말리온에 대한 그리스 신화에서 유래한다.
조각가 피그말리온은 아름다운 여인상을 조각하고,
여인상을 갈라테이아(Galatea)라 이름 짓는다.
피그말리온은 세상의 살아 있는 어떤 여자보다도
더 아름다웠던 갈라테이아를 진심으로 사랑하게 된다.
여신 아프로디테는 피그말리온의 사랑에 감동하여
갈라테이아에게 생명을 불어넣어 준다.
이처럼 간절히 원하고 기대하면
원하는 바를 이룰 수 있다는 것을 보여주는
위 그리스 신화에서 유래한다.

1968년 하버드대 로젠탈(Robert Rosenthal) 교수는
미국의 초등학교 학생들을 대상으로
피그말리온 효과에 대한 실험을 했다.
먼저 전체 학생을 대상으로 지능검사를 실시하고,
결과와 상관없이 무작위로 20%의 학생을 뽑고,
20%의 학생 명단을 교사에게 전달했다.
교사의 기대와 격려에 학생들은 부응하려고 노력했다.
8개월 후 다시 지능검사를 실시하자,
해당 학생들의 성격이 실제로 향상되었다.
명단에 오른 학생들에 대한
교사의 기대와 격려가 학생의 성적 향상에
실제로 영향을 미친다는 사실을 증명한 것이다.

피그말리온 효과의 반대말은
스티그마 효과(Stigma effect)이다.
한 번 나쁜 사람으로 찍히면
스스로 나쁜 행동을 하게 되는 효과를 말하며,
낙인효과(烙印效果)라고도 한다.

나폴레옹은 남에게 칭찬받는 것을 싫어했고,
심지어 칭찬하는 사람에게 화를 내기도 했다고 한다.

그런데 어느 날 한 부하가
"장군께서 칭찬받기를 좋아하지 않는 것으로 알고 있습니다.
저는 그 점 때문에 장군님을 존경합니다." 라고 했더니,
나폴레옹이 너무 좋아했다고 한다.
그 부하의 말 역시 칭찬이었는데도 말이다.
이렇듯 인간은 누구나 칭찬받고 싶어 하는 존재인 것 같다.

피그말리온 효과는 직장과 가정에서 적용된다고 한다.
칭찬은 고래도 춤추게 한다고 하지 않는가?
오늘 당장 자녀들을 칭찬해 주고,
배우자를 칭찬해 주고, 동료를 칭찬해 주자.
작은 칭찬거리라도 찾아서
칭찬해 주고, 격려해 주자.
밑져야 본전이다.

세상에 금도 있고 진주도 많거니와
지혜로운 입술이 더욱 귀한 보배니라
- 잠언 20장 15절 -

30 400년 거목을 쓰러뜨린 딱정벌레

미국 콜로라도주의 '롱의 봉우리'에는
400년 된 나무가 있었다.
콜롬버스(Columbus)가 미 대륙을 발견했을 때
그 나무는 어린 묘목이었다.
수많은 세월을 지나면서 그 나무는
14번이나 벼락을 맞았고
숱한 눈사태와 폭풍우를 만났지만,
끄떡없이 버텨 큰 거목이 되었다.
그런데 작은 딱정벌레가
그 나무의 속을 파먹기 시작하면서부터
나무는 병들기 시작했고,
결국 그 나무는 쓰러졌다.

400년을 버틴 거목도
작은 딱정벌레를 이기지 못했다.
태산에 발이 걸려 넘어지는 사람은 없다.

우리가 걸려 넘어지는 것은 작은 돌부리이다.
큰 일 만이 일이 아니다.
작은 일에 마음을 다하자.
그 작은 일이 쌓여서 큰 일이 되는 것이다.
작은 일이라고 소홀히 할 때
그 작은 일은
나, 가정, 일터, 나라를 무너뜨릴 수 있다.

31 산우(山友)와 지우(地友)

字經(자경)에서는 친구를
華友(화우), 稱友(칭우), 山友(산우), 地友(지우)
네 종류로 구분한다.
꽃이 피어서 예쁠 때는 찬사를 아끼지 않으나,
꽃이 진 후에는 돌아보는 사람이 없듯이
자기 좋을 때만 찾는 친구를 華友라고 하고,
이익이 있나 없나를 따져보며 움직이는
저울 같은 친구를 稱友라고 한다.
생각만 해도 편안하고 마음 든든한
산과 같은 친구를 山友라고 한다.
땅은 뭇 생명의 싹을 틔워주고
곡식을 길러내며 조건이 없이 베푼다.
한결같은 마음으로 지지해주는
땅과 같은 친구를 地友라고 한다.

과연 나는 네 종류 친구 중에 어디에 해당할까?
과연 나에게도 山友와 地友가 있는가?
누구나 山友와 地友를 원할 것이다.
그렇지만, 같은 종의 새가 무리지어 살듯
사람들은 유유상종(類類相從) 한다.

山友와 地友만 찾으려 하지 말고,
내가 먼저 山友와 地友가 되어야 한다.
내 곁에 山友와 地友가 없는 것은
내가 山友와 地友가 아닌 것이다.

32 연어의 모성애와 가물치의 효심

5월 가정의 달을 맞이하여 '모성애의 물고기'로 불리는 연어와 '효자 물고기'로 불리는 가물치 이야기가 회자(膾炙)되고 있다.

연어는 민물에서 태어나 깊은 바다에 살다가
산란기가 되면 알을 낳기 위해
자신이 태어난 고향인 민물로 돌아온다.
연어는 하천 상류에 올라와
수심 60~90cm인 모래와 자갈 바닥을 택하여,
꼬리로 길이 1m, 깊이 3cm 홈을 파고 알을 낳는다.
연어는 보통 산란을 마치고,
자갈로 그 위를 덮고 산란장 부근을 경계하다가
산란장 만들 때 입은 상처로 인하여
죽을 때쯤 새끼들이 부화하여
어미의 살을 뜯어먹고 성장한다.
이는 갓 부화되어 나온 새끼들이
먹이를 찾을 줄 몰라 어미의 살을 의존해
성장할 수밖에 없기 때문이다.

새끼들은 그렇게 성장하고,
어미는 결국 뼈만 남기고 죽는다.
그래서 연어를 '모성애의 물고기'라고 부른다.

가물치는 숭어와 비슷한데 몸 길이가 60cm 정도까지 자라는
민물고기로서 민물의 최강자이다.
가물치는 알을 낳은 후 바로 한시적으로 눈을 실명(失明)하여
먹이를 찾을 수 없어 그저 배고픔을 참을 수밖에 없다고 한다.
부화되어 나온 수천마리의 새끼들이 천부적으로 이를 깨닫고
어미가 굶어 죽는 것으로 볼 수 없어서
한 마리씩 자진해서 어미 입으로 들어가
어미의 굶주린 배를 채워 준다고 한다.
그렇게 새끼들의 희생에 의존하다가
시간이 지나 어미가 눈을 뜰 때쯤이면
남은 새끼의 양은 10분의 1 조차도 안된다고 한다.
그래서 가물치 향명(鄕名)을 가모치(加母致)라고 표기하고,
'효자 물고기'라고 한다.

물고기조차도 자기 자식을 위해 자신의 몸을 주고,
자기 어미를 위해 자신의 몸을 준다.
그런데 지금 우리들 세상은 어떤가?
그리고 나는 부모로서, 자식으로서
이 물고기들만큼 하고 있는가?
많이 부끄럽다.

33 스리랑카에서 온 코끼리

서울대공원에서 2016년 6월 28일
22년 만에 코끼리 새끼가 태어났다.
이 새끼 코끼리는 7월말 일반에 공개예정이다.
이 새끼 코끼리의 부모 코끼리를
스리랑카로부터 기증받을 수 있도록 해준 분은
외국이주민 지원단체인
지구촌사랑나눔 대표 김해성 목사이다.
아래 내용은 김해성 목사 글 일부이다.

20년 전 경기도 광주를 다녀오는데
버스정류장에 외국인 두 명이 서 있었다.
차를 타고 지나가면서 보니
추운 겨울인데 옷도 제대로 입지 못하고
웅크리고 선 모습이 안쓰럽게 생각됐다.
김목사가 차를 세우고 다가가 물었더니
일자리가 없어서 직장을 구하러 간다는 것이다.
"그렇다면 잘 만났네요. 절 따라오세요." 해서

함께 밥을 먹고, 직장도 구해줬다.
그랬더니 일요일마다 스리랑카 친구들을 데리고 와
자연스럽게 공동체가 형성되었다.

스리랑카 설날 행사 때 만난 2명의 친구들이
자신들의 작은아버지를 초청해 달라고 했다.
당시 스리랑카 노동부장관을 지낸 야당 국회의원
마힌다 라자팍세(Mahinda Rajapaksa)였다.
김목사는 그분을 초청해 극진히 대접했고,
또한 그분도 김목사님을 초청하였다.
그렇게 몇 차례 오가던 중
그분이 2005년 11월에 스리랑카 대통령이 되었고,
2015년 1월까지 대통령직을 수행했다.

어느 날 대통령이 된 그분이 김목사에게
스리랑카 사람들을 도와주는 일에 열심이니
큰 선물을 주겠다 하면서
코끼리를 한 마리 줄테니 가져가라 하였으나,
김목사는 코끼리를 가져 올 수 없어서 거절했다.
그런데 얼마 뒤
한국에 코끼리 9마리가 있고, 암 코끼리가 3마리가 있는데,
나이가 많아 출산이 중단되었고, 멸종위기 야생동물협약에 따라
외국에서 사들여올 수도 없어

대가 끊길 형편이라는 신문 보도를 보고,
다시 스리랑카 대통령에게 요청해
2010년 당시 당시 6살 동갑내기인
코끼리 한 쌍을 선물로 받았다.

서울대공원은 옛날 스리랑카왕국의
위대한 왕과 왕비의 이름을 따서
가자바(수컷)와 스겔라(암컷)라고 명명했다.
가자바와 스겔라는 건강하게 자랐고,
서울대공원으로 보금자리를 옮긴 지
6년 만에 새끼 코끼리를 출산한 것이다.

김해성 목사는 20년 전 추위에 떨고 있는
두 명의 스리랑카 젊은이를
예수님의 사랑으로 조건 없이 도와줬고,
그 결과 지금의 새끼 코끼리가 탄생했다.
대한민국과 스리랑카 사이를 좋게 한
최고의 민간외교를 한 것이다.
우리나라도 1960~70년대 미국에서
접시를 닦으며 공부했던 유학생들이
곳곳에서 대한민국의 지도자가 되었듯이
외국인 젊은이들 중에는 분명 본국으로 돌아 가
그 나라의 리더가 될 인물이 나올 것이다.

선진국 국민들만 극진히 대접하지 말고,
후진국 국민들도 극진히 섬기자.
과거 우리나라도 필리핀보다도 못사는 후진국이었다.

또한 2016년 현재 우리 대한민국에는
200만 다문화 가정, 3만의 새터민 가정이 있다.
다문화 가정, 새터민(북한이탈주민) 가정이라고
표현하는 것조차 부적절하다.
그들도 분명 우리 대한민국 국민이다.
이제 차가운 시선은 거두자.
로마도, 당나라도, 미국도 다문화가정을 품었기에
세계 최강의 국가가 되었음을 잊지 말자.

너희는 나그네를 사랑하라
전에 너희도 애굽 땅에서 나그네 되었음이니라
- 신명기 10장 19절 -

34 궁중채화
(宮中綵華)

궁중채화(宮中綵花, 중요무형문화재 제124호)는
조선시대 궁궐에서 열리는 중요 연희나 의례 때
사용하던 가짜 꽃(造花) 장식을 말한다.
가짜 꽃이지만 가화(假花)라고 하지 않고,
비단 채(綵)를 써서, 채화(綵華)라고 한다.

궁중채화는 주로 화려한 모란이나 연, 매화 등
꽃과 벌, 나비, 새, 무당벌레 등 아름다우면서도
상서로운 의미를 지닌 동물·곤충으로 구성된다.
이들은 실제 모습으로 착각할 만큼 매우 정교하다.
최고급의 비단, 모시, 꿀, 밀랍, 송홧가루 등이
재료로 사용된다.
꽃의 수술은 노루털에 송홧가루를 묻혀 밀랍처리하고,
빨강, 노랑, 파랑 등 색깔은 홍화, 치자, 쪽 같은
천연재료로 염색한다.
실제 2004년 덕수궁 중화전 야외에서 열린
궁중채화전 당시 나비가 날아들었다고 한다.

그런데 왜 조선왕실은 생화 대신 채화를 사용했을까?
조선왕실은 '아름다운 꽃을 백성으로 생각'했기 때문에
백성인 꽃을 꺾을 수 없어서 채화를 만들었다고 한다.
- 김홍신 소설가 강의 내용 -

지금 나랏일 하는 분들도 국민을
꽃으로 생각하고 꺾지 않고 있을까? 의문이다.
 '국민이 곧 국가'라고 생각하는
정치인이 많이 생길수록
우리 조국 대한민국은 더 행복하고,
더 풍요로운 나라가 될 것으로 확신한다.

35 견리사의 견위수명
(見利思義 見危授命)

見利思義 見危授命(견리사의 견위수명)
이익을 보거든 정의를 생각하고,
위태로움을 보거든 목숨을 바치라.
안중근 의사가 여순감옥에서 나라의 앞 날을 걱정하며
1910년 2월 남긴 글씨다.

見利思義는 이익보는 것을 비판하는 것이 아니라
그 이익을 얻는 과정이
정당한 것인지 아닌지를 따져보라는 뜻이다.
이익이 된다고 수단과 방법을 가리지 않고
이익을 쫓으면 안되기 때문이다.

글씨 말미에
 '庚戌二月 於旅順獄中 大韓國人 安重根 書'
(경술이월 어려순옥중 대한국인 안중근 서)라는
낙관이 있고, 그 아래 안중근 의사의 장인(掌印)이 찍혀 있다.

2016년 9월 28일 시행 예정인 김영란법
즉, 부정청탁 및 금품 등 수수의 금지에 관한 법률을
세 문장으로 요약하면 다음과 같다.

첫째 법령에 위반한 부정청탁하지 말고,
공직자등은 그 청탁을 받았더라도 실행하지 말라.
둘째 공짜밥 얻어먹지 말고, 더치페이해라.
셋째 남의 돈 받지 마라.
1회 100만원, 1년 300만원 이상 받으면 대가성 없어도 처벌한다.

세상에 공짜 없다.
공짜 좋아하지 말자.
그 공짜가 우리들의 영혼을 갉아 먹는다.
안중근 의사의 見利思義 정신을 잊지 말자.

제2편
삶을 아름답게 하는 것들

01 굽이 돌아가는 길 (박노해 글) ·02 더 많은 복을 받으려고 하지 말라 (탁영철 목사님 글) ·03 지금 여기에서 행복하기 (법륜스님 글) ·04 눈 깜짝할 새 (허허당 글) 05 아리랑 (한국민요) ·06 바다가 넘치지 않는 이유 (어느 초등학생의 동시) ·07 매미네 마을 (정현정 동시) ·08 홀로 아리랑(서유석 노래)과 호사카 유지의 독도이야기 09 바람의 빛깔 (제주소년 오연준 노래) ·10 사랑으로 (해바라기 노래) ·11 가을은 참 예쁘다 (박강수 노래) 12 인생은 미완성 (이진관 노래) ·13 걱정 말아요 그대 (전인권 노래) ·14 상록수 (양희은 노래) ·15 You Raise Me Up (Secret Garden 노래) ·16 내 영혼이 은총 입어 (찬송가 438장) ·17 봄 길 (정호승 시) ·18 고래를 위하여 (정호승 시) ·19 흔들리며 피는 꽃 (도종환 시) ·20 시가 뭐고 (소화자 시) ·21 구부러진 길 (이준관 시) 22 6월의 장미 (이해인 시) ·23 대추 한 알 (장석주 시) ·24 풀꽃 1 (나태주 시) ·25 조용한 일 (김사인 시) 26 자식의 은혜 (유안진 시) ·27 준비물 (최대호 시) ·28 사랑의 물리학 (김인육 시) ·29 영화 '덕혜옹주' 30 영화 '밀정' ·31 영화 '날, 보러와요' 32 영화 '주토피아' ·33 단편영화 'BUS44' ·34 단편영화 'The Lunch Date' ·35 연극 '둥지'

01 굽이 돌아가는 길
(박노해 시인 글)

올곧게 뻗은 나무들보다
휘어 자란 소나무가 더 멋있습니다
똑바로 흘러가는 물줄기보다는
휘청 굽어진 강줄기가 더 정답습니다
일직선으로 뚫린 빠른 길보다는
산 따라 물 따라 가는 길이 더 아름답습니다

곧은 길 끊어져 길이 없다고
주저앉지 마십시오
돌아서지 마십시오
삶은 가는 것입니다
그래도 가는 것입니다
우리가 살아 있다는 건
아직도 가야 할 길이 있다는 것

곧은 길만이 길이 아닙니다
빛나는 길만이 길이 아닙니다
굽이 돌아가는 길이 멀고 쓰라릴지라도
그래서 더 깊어지고 환해져 오는 길
서둘지 말고 가는 것입니다
서로가 길이 되어 가는 것입니다
생을 두고 끝까지 가는 것입니다

고두현 시인의 책,
 '시 읽는 CEO, 처음 시작하는 이에게' 에 실린 글이다.
고두현 시인은 박노해 시인이 쓴
 '사람만이 희망이다' 에 실린 위 글을 소개하면서
죽순이야기, 소설가 이순원 초등학교 때 이야기
그리고 박지성 선수의 직업정신을
위 글의 내용에 맞게끔 참 맛깔스럽게 소개하고 있다.

나는 '사람만이 희망이다' 라는 책의 초판(1997년)을 갖고 있다.
 '굽이 돌아가는 길' 이라는 글(88~89쪽)에
연필로 밑줄이 그어져 있는 것으로 보아
1997년 당시에도 위 글이 나에겐 감동이었나 보다.
글을 읽다 보니 갑자기 눈가에 눈물이 머문다.

1997년 당시 경주교도소 독방에 무기수로 수감 중이던
박노해 시인의 옥중 사색 '사람만이 희망이다'는
아내 김진주와 형 박기호 신부 등이 면회 때 받아 적은
옥중 구술과 메모를 토대로 만들어졌다고 한다.

살다보면 막힌 길을 많이 만난다.
그렇다고 주저앉아 있을 수만은 없지 않는가?
박노해 시인 말대로
주저앉지 말고, 돌아서지 말고 가자.
우리가 살아 있다는 건
분명 아직도 가야 할 길이 있다는 것이다.

그런데, 그렇게 막혀 있는 길을
굳이 가야 하는 이유는 무엇일까?
그것은 사랑 때문이다.
이 세상에 태어나게 해주신 분의
 '사랑의 빚'은 갚아야 하지 않을까?

기왕 가는 길, 웃으면서 가자.
기왕 가는 길, 더 많이 사랑하면서 가자.
기왕 가는 길, 함께 가자.
그 길, 생을 두고 끝까지 가자.
그래서 뒷모습이 아름다운 사람으로 남자.

02 더 많은 복을 받으려고 하지 말라
(탁영철 목사 글)

더 많은 복을 받으려고 하지 말고
지금 있는 것을 충분히 누리십시오.
지금 있는 것에 대해서도 불평과 불만으로 가득하면서
더 달라고 하는 것은
감당도 못하면서 욕심만 부리는 것과 같습니다.
지금의 것을 잘 감당하면
더 많은 것은 달라고 하지 않아도 저절로 주어집니다.
- 탁영철 목사 -

탁영철 목사님의 페이스북에서 퍼온 글이다.
지금의 것을 충분히 누려야 한다.
내 자녀가 학교에서 1등 하기를 바라는 것은
모든 부모의 본능 같다.
그렇지만 장애를 가진 자녀의 부모는
자녀가 건강하기만 해도 더 이상 바랄 것이 없다고 생각할 것이다.

내 자녀가 건강한 것은 당연한 것이 아니고
감사하고 감사할 일이다.

공부를 못하는 것도, 공부를 잘하는 것도
인생의 한 과정에 불과하다.
지금의 모습만을 보고 예단하지 말자.
작은 겨자씨 속에는 상상조차 할 수 없는
큰 겨자나무가 들어 있다.

마치 사람이 자기 채소밭에 갖다 심은
겨자씨 한 알 같으니 자라 나무가 되어
공중의 새들이 그 가지에 깃들였느니라
- 누가복음 13장 19절 -

03 지금 여기에서 행복하기
(법륜스님 글)

남에게 도움을 받아야 행복하다면,
남에게 사랑을 받아야 행복하다면,
남에게 이해를 받아야 행복하다면,
나는 노예예요.
그 사람이 베풀어줄 때까지 나는 마냥 기다려야 돼요.
그게 안 오면 나는 괴로워해야 돼요.

행복으로 가는 길은
지금 당장 주인의 자세를 갖는 것입니다.
베푸는 마음을 갖고,
사랑하는 마음을 갖고,
이해하는 마음을 가지면
바로 지금 여기에서 행복해집니다.

더 이상 말을 보탤 수가 없는 법륜스님의 참 지혜로운 말씀이다.
내 곁에 있는 사람에게 지금 당장 해줄 수 있는 것은 무엇이든 하자.
격려의 말이나 위로의 말이라도 해주자.
그를 위해 기도해주자.
받는 것 보다 주는 것이 더 행복하다는 것은
우리 지구인들 삶의 진리 아닐까?
그 모든 것이 곧 사랑이다.

미움은 다툼을 일으켜도
사랑은 모든 허물을 가리우느니라
- 잠언 10장 12절 -

04 눈 깜짝할 새
(허허당 스님 글)

세상을 잠시 휴가 나온 기분으로 살면 어떨까?
그런 기분으로 산다고 해서
누가 뭐라는 사람은 없을 것이다
난 그렇게 산다 평생 휴가받은 기분으로
그렇다고 긴 휴가도 아니다 눈 깜짝할 새다
인생을 잠시 휴가 나온 기분으로 살면
어디를 가도 마음이 설레고
누구를 만나도 잘 해주고 싶다
순간 순간 낯선 휴가지에서 만난 사람이기에
늘 새롭고 설렌다
- 허허당의 '당신이 좋아요 있는 그대로' 중에서 -

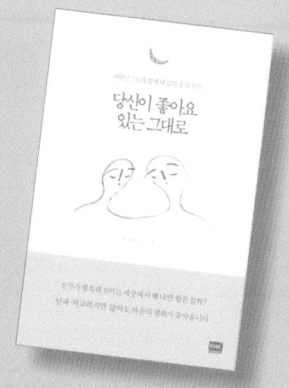

허허당 스님의 위 글에 전적으로 공감한다.
가족 동반이든 혼자만의 여행이든
휴가지에는 '즐거움'이 있다.
또한 휴가지에서는 '즐기려는 마음'이 있다.

최면을 걸어서라도
하루하루 설레는 마음으로 즐겁게 살자.

나도 엊그제 고등학교를 졸업한 것 같은데,
벌써 50살이다.
정말 눈 깜짝할 새다.
앞으로 살아온 날보다
앞으로 살아갈 날이 덜 남은 것 같다.
나중에 여유 있을 때가 아니라
오늘 이 순간 즐겁게 살도록 하자.
김홍신 선생님 말씀처럼
즐겁게 살지 않으면 불법이다.
즐겁게 살지 않는 것은
인생사는 법을 어긴 중대한 범죄이다.

아래는 영화 빠삐용(Papillon)의 명대사이다.
근심걱정하느라 인생 낭비하지 말자.

빠삐용 : 재판관님! 저는 결백합니다.
　　　　저는 살인을 하지 않았어요!
　　　　잘 아시지 않습니까?
심판자 : 그래, 넌 사람을 죽이지 않았다.
　　　　너는 살인과는 관계없다.

빠삐용 : 그런데 제가 왜 이런 고통을 받아야 합니까?"
심판자 : 인간으로서 가장 큰 죄,
  바로 인생을 낭비한 죄 때문이다!
빠삐용 : 네? 인생을 낭비한 죄?
  그렇군요. 그렇다면 저는 유죄로군요.
  유죄! 유죄! 유죄!

05 아리랑
(한국민요)

아리랑 아리랑 아라리요
아리랑 고개로 넘어 간다
나를 버리고 가시는 님
십리도 못가서 발병난다

어느 날 아침 중학교 3학년 아들이
스마트폰으로 아리랑을 틀어 놓고 듣고 있었다.
현대음악에 심취한 중학생 아들이
자진해서 아리랑을 들은 것은
아들에게 한민족의 피가 흘러서 그런 것 아닐까?

아리랑은 작가 미상의 우리나라 민요로서
한민족이라면 남녀노소 누구나 부르는 노래이다.
우리는 아리랑을 흔히 사랑에 버림받은
어느 한 맺힌 여인의 슬픔을 표현한 노래로 생각하는데,
아리랑 속에는 다음과 같은 큰 뜻이 담겨있다고 한다.

아리랑의 원래 참 뜻은
참 나를 깨달아 인간완성에 이르는 기쁨을 노래한
깨달음의 노래라고 한다.

'아(我)' 는 참된 나 (眞我)를 의미하고,
'리(理)' 는 알다, 다스리다, 통하다는 뜻이며,
'랑(朗)' 은 즐겁다, 밝다는 뜻이다.
그래서 '아리랑(我理朗)' 은
'참된 나(眞我)를 찾는 즐거움' 이라는 뜻이다.

"아리랑 고개를 넘어 간다" 는 것은
나를 찾기 위해 깨달음의 언덕을 넘어간다는 의미이고,
고개를 넘어간다는 것은
곧 피안의 언덕을 넘어간다는 뜻이기도 하다.

"나를 버리고 가시는 님은 십리도 못 가서 발병난다." 의 뜻은
진리를 외면하는 자는 얼마 못가서 고통을 받는다는 뜻으로,
진리를 외면하고 오욕락(五慾樂)을 쫓아 생활하는 자는
그 과보로 얼마 못가서 고통에 빠진다는 뜻이란다.

이처럼 아리랑은 참 나를 깨달아 인간완성에 이르는
기쁨을 노래한 깨달음의 노래라고 할 수 있다.

한편 아리랑은 지난 2012년 12월 5일
유네스코 세계무형유산으로 지정되었다.
짧은 가사이지만,
인간의 희노애락(喜怒哀樂)이 다 담긴 것 같다.
나를 버리고 가시는 님을 붙잡지 못하고,
발병 나서 돌아오길 기원하고 있다.
요즘 사람들도 그럴까?

아리랑은 기쁠 때도 함께 부르는 곡이다.
남북한이 함께 부를 수 있는 노래 아닐까?
한민족이라면 누구나 부르는 노래이다.

남북이 서로 총부리를 겨누고 있는
이 긴장관계를 어떻게든 풀어야 한다.
통일은 해도 되고, 안 해도 되는 것이 아니라 해야 한다.
통일은 우리 민족이 살 길이고, 더 행복할 수 길이라고 믿는다.
그렇게 하기 위해서는 하루빨리
김정은 정권이 무너져야 하겠지만,
우리 정부도 물밑에서는 통일을 준비하고 또 준비해야 한다.
이 아침 통일을 염원하는 마음을 담아
　'우리의 소원은 통일' 노래를 듣는다.

우리의 소원은 통일
꿈에도 소원은 통일
통일이여 어서 오라
통일이여 오라

우리의 소원은 통일
꿈에도 소원은 통일
이 정성 다해서 통일
통일을 이루자

이 나라 살리는 통일
이 겨레 살리는 통일
통일이여 어서 오라
통일이여 오라

06 바다가 넘치지 않은 이유
(어느 초등학생의 동시)

비가 그렇게 내리고
눈이 그렇게 내리고
또, 강물이 그렇게 흘러가도
바다가 넘치지 않는 건
물고기들이 먹어서이겠지

어느 초등학생의 동시다.
나도 바다가 넘치지 않은 이유를 한참 동안 생각해 봤다.
물이 들어가는 만큼 증발하기 때문일까?
여전히 나는 그 답을 찾지 못하고 있는데,
동시를 지은 초등학생은 물고기들이 먹어서라고 한다.
바다가 넘치지 않은 이유를 모르면 어떤가?
그냥 어린이들처럼 단순하게 살자.

세상에서 가장 위대한 발명은
바로 어린아이의 마음이다.
- 에디슨 -

07 매미네 마을
(정현정 동시)

매미는
소리로 집을 짓는다

머물 때 펼치고
떠날 때 거두는
천막 같은 집

매미들은
소리로
마을을 이룬다

참매미, 쓰름매미, 말매미 모여
온 여름
들고나며
마을을 이룬다

여름에는
사람들도
매미네 마을에 산다

정현정의 동시 '매미네 마을'이다.
매미 없는 여름은 여름이 아니다.
세상이 온통 매미 울음소리로 가득 찼다.
이를 두고 정현정 시인은
여름에는 사람들도 매미네 마을에 산다고
참 정겹게 표현했다.
폭염이 연일 계속 되고 있지만,
엊그제 입추(立秋)가 지났다.
우리도 매미네 마을을
떠나야 할 때가 다가오고 있다.
우리들 인생살이는
그렇게 만나고 떠나는 것의 반복인 것 같다.

매미는 짧게는 3년, 길게는 17년까지
땅속에서 지내며
다섯 차례의 허물벗기 과정을 거쳐,
비로써 매미로 탈바꿈하게 된다.
이처럼 매미는 굼벵이로
답답한 지하생활을 수년간 하고,
세상에 나와서도
겨우 이슬과 나무진만 먹고 살다가
1주일에서 한달간의 짧은 생을 마감한다.
그래서 옛 선인들은 오랜 기다림 속에
세상에 나와 오욕에 물들지 않고

생을 마감하는 매미를 보고,
배워야 할 오덕(五德)을 가진 곤충이라고 예찬했다.

그 다섯 가지 덕은 다음과 같다.
첫째, 문(文, 紋 아름다운 무늬가 있다) 학문이다.
둘째, 청(淸) 이슬이나 나무액 등
깨끗한 것을 먹고 산다고 해서 깨끗하다는 것이다.
셋째, 염(廉) 남의 곡식이나 열매를 먹지 않는
염치가 있다는 것이다.
넷째. 검(儉) 집을 짓지 않고 산다고 해서
검소하다는 것이다.
다섯째, 신(信) 매미는 매년 더운 여름마다 찾아와
시원한 소리를 내어주는 믿음이다.

이만하면 매미는 우리 인간들의
스승의 자격을 충분히 갖췄다고 할 수 있지 않을까?
우리나라에서도 조선시대 임금이나 신하들은
매미를 본받아야 할 징표로 삼았다고 한다.
구권 1만원짜리 지폐를 보면
곤룡포를 입고 세종대왕이 머리에 쓰고 있는 모자가
바로 매미 날개 모양을 한 익선관(翼善冠)이다.
또한 신하들이 관복을 입을 때 갖추어 쓴
사모(紗帽)에도 옆으로 매미 날개가 뻗어 있다.

약 2억5,000만년 전 지구에 등장한 매미는
현재 우리나라에 13종이 살고 있다고 한다.
우리나라에는 참매미가 가장 많은데,
참매미는 온도와 상관없이
주변이 밝으면 울음소리를 내고,
주변이 어두컴컴해지면
울음소리를 내지 않는 특성이 있는데,
밤에도 불을 환하게 밝히는 곳이 늘어
밤에도 매미울음소리가 끊이지 않는 것이라고 한다.

지금 우는 매미는 지난해의 매미가 아니다.
수년간 암흑 속에서 살다가
겨우 여름 한달간의 삶을 위해
처절하게 우는 매미를 이해하자.
절박감이 느껴지지 않는가?
또한 매미 울음소리는
법적으로도 수인한도(受忍限度)의 범위에 있다.
기쁜 마음으로 매미 울음소리를 들어주자.

08 홀로 아리랑(서유석 노래)과 호사카슈지의 독도이야기

저 멀리 동해 바다 외로운 섬
오늘도 거센 바람 불어오겠지
조그만 얼굴로 바람 맞으니
독도야 간밤에 잘 잤느냐
금강산 맑은 물은 동해로 흐르고
설악산 맑은 물도 동해 가는데
우리네 마음들은 어디로 가는가
언제쯤 우리는 하나가 될까
백두산 두만강에서 배타고 떠나라
한라산 제주에서 배타고 간다
가다가 홀로섬에 닻을 내리고
떠오르는 아침 해를 맞이해보자

(후렴)
아리랑 아리랑 홀로 아리랑
아리랑 고개를 넘어가보자
가다가 힘들면 쉬어 가더라도 손
잡고 가보자 같이 가보자

박근혜 대통령 즉각 퇴진을 외치는 제6차 촛불집회에서(2016.12.3.)
가수 한영애가 부른 '홀로 아리랑' 이다.
이 곡은 원래 가수 서유석이 부른 노래이다.
100만명이 넘는 인파가 함께
홀로 아리랑을 부르는 모습을 통해
내가 대한민국 사람임이 자랑스러웠다.

가다가 힘들면 쉬어 가더라도 손잡고 가보자 같이 가보자

지난해 가족들과 함께 울릉도 여행을 갔을 때
독도를 가보지 못해 몹시 아쉽다.
독도가 우리 땅이라는 것은
대한민국 국민이라면 누구나 알고 있는 사실이다.
그런데 일본인들은 왜 독도가 자기들 땅이라고 우기고 있을까?
일본인들이 독도를 일본 땅이라고 주장하는 논거는 무엇이고,
그에 관한 반박논리(증거)는 무엇인지에 대해
우리나라 최고 독도영유권 전문가인
호사카 유지(ほさかゆうじ) 세종대 교수 내용을 소개한다.

일본의 독도영유권 주장 주요논거는 3가지이다.

1. 일본은 17세기 중반에 독도에 대한 영유권을 확립시켰다.
   그 이전에 한국이 독도를 영유했다는 증거는 모두 애매하다.
2. 일본은 1905년 독도를 시마네현 오키섬으로 정식 편입했다.

그 이전에 한국이 독도를 영유했다는 증거가 없다.
3. 샌프란시스코조약에서 독도는 한국영토에서 제외되었으며
1951년 7월 한국이 한국영토조항에 독도를 기재해 달라고 요구했으나,
미국이 이 요구를 러스크 서한을 보내 거절했다.
즉 독도는 일본 영토로 남았다.

이에 대한 호사카 유지 교수의 반박논리는 다음과 같다.

조선 태종 1403년부터 무인도정책(울릉도 등 섬에 있는 백성을
모두 한반도로 이주시킴)을 펴다가
고종 1883년 섬 이주정책을 펴는 도중
일본인이 울릉도, 독도를 왕래했다.

그러나 17세기 말 송도(독도)가 자기 영지가 아니라고 한
돗토리번의 보고서가 있고, 1870년 일본 외무성이
17세기말 죽도(울릉도), 송도(독도)가
조선의 부속되었다고 확인했고,
1877년 일본문서에도 명시되어 있다.
또한 1905년 이전에 일본인들이
울릉도와 독도 수산물 수출세를 부담한 문서가 있다.

연합국은 1946년 SCAPIN677호 통해 독도를 한국 영토로 규정하였다.
설령 샌프란시스코조약에서 독도가 한국영토에서 제외되었다 하더라도
일본영토라고 명시하고 있지 않기 때문에

위 조약에 언급이 없다면
1946년 연합국의 합의가 효력이 있는 것이다.

물론 미국의 러스크 서한에서 독도는 일본영토라고 되어 있으나,
이는 연합국의 한 나라인 미국만의 입장으로서
효력이 없을 뿐만 아니라
아이젠하워 대통령 특사 밴 플리트 대사도
귀국 보고서(1953.8.)에서
"러스크 서한이 대한민국에 비밀리에 통보되었지만
우리 입장은 아직 공표된 바 없다"고 밝혔다.

호사카 유지 교수는 일본인(2003년 대한민국에 귀화)으로서
이렇게 독도는 한국 땅이라고 주장하는 특별한 이유는 없고,
단지 '그것을 알게 되어 알릴 뿐이다.'라고 한다.
한번 외쳐 본다.

독도는 우리 땅!!

09 바람의 빛깔
(제주소년 소연준의 노래)

사람들만이 생각 할 수 있다
그렇게 말하지는 마세요
나무와 바위 작은 새들조차
세상을 느낄 수가 있어요

자기와 다른 모습 가졌다고
무시하려고 하지 말아요
그대 마음의 문을 활짝 열면
온 세상이 아름답게 보여요

달을 보고 우는 늑대 울음소리는
뭘 말하려는 건지 아나요
그 한적 깊은 산속 숲소리와
바람의 빛깔이 뭔지 아나요
바람의 아름다운 저 빛깔을

얼마나 크게 될지 나무를 베면
알 수가 없죠 서로 다른 피부색을 지녔다 해도
그것은 중요한 게 아니죠

바람이 보여주는 빛을 볼 수 있는
바로 그런 눈이 필요 한 거죠
아름다운 빛의 세상을 함께 본다면
우리는 하나가 될 수 있어요

어느 날 아침 귀한 분으로부터 제주소년 오연준 군이 부른
만화영화 '포카혼타스' OST 중 일부인
'바람의 빛깔'이라는 노래를 카톡으로 받았다.
이제 9살밖에 안된 오연준의 군의
목소리가 얼마나 곱고 고운지 감동 그 자체였다.
오연준 군의 그 감동적인 노래를
글로서는 도저히 표현할 수 없다.
이 노래는 가사도 예술이다.

자기와 다른 모습 가졌다고
무시하려고 하지 말아요

사람을 겉모습만 갖고 평가하는
요즘 세태를 가슴 아프게 꼬집고 있다.
분명 상대방은 단지 나와 다른 모습을 갖고 있을 뿐이다.
상대방이 나와 생각과 모습이 같아야 할 이유는 없지 않는가?
나도, 상대방도 이 지구상에서 유일하고, 소중한 존재이다.

얼마나 크게 될지
나무를 베면 알 수가 없죠

맞다.
요즘 많은 부모들은 자신들의 시각으로
어린 자녀들의 꿈을 베어버리고 있는 것 같다.
나도 그랬었다.
무엇이 되는가 보다는 무엇이 되어 어떻게 살것인가가
더 중요하지 않는가?
또한 나는 이웃들의 꿈을
 '현실'을 이유로 꺽고 있지는 않는지 반성해 본다.

바람이 보여주는 빛을 볼 수 있는
바로 그런 눈이 필요 한 거죠
아름다운 빛의 세상을 함께 본다면
우리는 하나가 될 수 있어요

바람이 보여주는 빛을 본 적이 있는가?
바람에게 무슨 빛이 있을까?
따뜻한 바람은 살구색 빛일까?
차가운 바람은 하늘색 빛일까?
바람이 보여주는 빛을 볼 수 있는 눈은
이웃에 대한 사랑의 눈 아닐까?

노래가사처럼 아름다운 빛의 세상을
함께 볼 수 있을 때 우리는
하나가 될 수 있을 것이다.
원래 사랑은 그렇게 함께 한 방향을 보는 것이다.

10 사랑으로
(해바라기 노래)

내가 살아가는 동안에
할 일이 또 하나 있지
바람 부는 벌판에 서 있어도
나는 외롭지 않아
그러나 솔잎 하나 떨어지면
눈물 따라 흐르고
우리 타는 가슴 가슴마다
햇살은 다시 떠오르네
아아~ 영원히 변치 않을
우리들의 사랑으로
어두운 곳에 손을 내밀어 밝혀 주리라

해바라기의 '사랑으로' 노래 일부이다.
내가 노래방에서 자주 부르는 곡이다.
재단법인 용산복지재단 출범식(2016.6.9.) 축하공연에서
가수 해바라기가 와서 부른 곡 중에 하나이다.
솔잎 떨어지는 모습을 보고도
눈물을 흘릴 수 있는 것이 곧 사랑 아닐까?

평생 힘들게 살아와서
누구보다 어려운 사람의 마음을 잘 압니다.
용산에 살면서
구청에서 많은 도움을 받았어요.
죽음을 앞두고 내가 줄 수 있는
이 작은 것이 형편이 어려운 분들에게
조금이라도 도움이 됐으면 좋겠습니다.

말기암으로 죽음의 문턱에서
전 재산을 기부하고 떠난
故 강천일 님(향년 72세) 이야기가
용산복지재단 출범식에서 소개되었다.
그는 서울 용산구 후암동에서
기초생활수급자로 생활해 왔는데,
2016년 4월 구청에 3,600만원을 기부한 뒤
닷새 만에 요양병원에서 생을 마감했다.

이웃의 아픔을 내 아픔으로 여기는 마음이
사랑이고 사랑이다.
나도 고인의 숭고한 뒷모습을 따르고 싶다.
우리들 각자 삶터에서 어두운 곳에
손을 내밀어 밝혀 주자.
지극한 사랑으로 밝혀 주자.

새로 출범한 용산복지재단이
오늘 보다 더 나은 내일을 이루는데
큰 역할을 할 것으로 기대한다.

꽃은 꿀을 내줄수록
아름다운 열매는 맺는다.

11 가을은 참 예쁘다
(박강수 노래)

가을은 참 예쁘다
하루 하루가
코스모스 바람을 친구라고 부르네

가을은 참 예쁘다
파란 하늘이
너도 나도 하늘에 구름같이 흐르네
조각조각 흰구름도 나를
반가워 새하얀 미소를 짓고
그 소식 전해줄
한가로운 그대 얼굴은 해바라기

나는 가을이 좋다
낙엽 밟으니
사랑하는 사람들 단풍같이 물들어

가을은 참 예쁘다
파란 하늘이
너도 나도 하늘에 구름같이 흐르네

조각조각 흰구름도 나를
반가워 새하얀 미소 짓고
그 소식 전해줄
한가로운 그대 얼굴은 해바라기

나는 가을이 좋다
낙엽 밟으니
사랑하는 사람들 단풍같이 물들어

가을은 참 예쁘다
하루하루가
코스모스 바람을 친구라고 부르네

박강수의 '가을은 참 예쁘다'라는 노래가사다.
노래가 참 정겹다.
듣고 있으면 저절로 행복감이 몰려온다.

내 고향은 전남 장흥군 유치면 조양리 상촌이다.
내 고향은 내가 어렸을 때
버스조차 들어오지 않았다.
내가 7살 때 아버지 따라 광주 가는 날,
버스라는 것을 처음 봤다.
내 고향은 그런 두메산골이었지만,
가을마다 길가에는

긴 코스모스 병풍이 만들어 졌다.
동네 친구들과 함께 그 코스모스에 몰려든
벌을 잡으려다 쏘인 적도 있다.

우리들 인생살이는 추억 쌓기의 연속 아닐까?
이 노래를 듣고 있으면
그 때 그 시절의 추억이 되살아난다.
내년에도 가을은 오겠지만, 이 가을이 아니다.
이 가을은 더 이상 오지 않을 2016년 가을이다.

세상살이가 아무리 힘들어도
이 예쁜 가을을 만끽하며 살자.
올 가을에는 코스모스도 보고,
푸른 하늘과 흰구름도 보고,
낙엽도 밟아 보고,
코스모스 바람을 친구 삼고,
사랑하는 이에게 "사랑한다"고 말하자.

가을이 참 예쁘다.
가을이 참 좋다.

12 인생은 미완성
〈이진관 노래〉

인생은 미완성 쓰다가 마는 편지
그래도 우리는 곱게 써가야 해
사랑은 미완성 부르다 멎는 노래
그래도 우리는 아름답게 불러야 해
사람아 사람아 우린 모두 타향인 걸
외로운 가슴끼리 사슴처럼 기대고 살자
인생은 미완성 그리다 마는 그림
그래도 우리는 아름답게 그려야 해
친구야 친구야 우린 모두 나그넨 걸
그리운 가슴끼리 모닥불을 지피고 살자
인생은 미완성 새기다 마는 조각
그래도 우리는 곱게 새겨야 해

이진관의 노래 '인생은 미완성' 노래가사이다.
언제 들어도 가슴을 울리는 노래이다.
아마 인생을 다 이룬 사람은 없을 것이다.
인생은 미완성이고, 모순 투성이다.

그렇지만 우리는 이 노랫말처럼
곱게 써가야 하고,
아름답게 부르고, 그리고, 새겨야 한다.

다윗은 시편 90편 10절에서
다음과 같이 노래했다.

우리의 연수가 칠십이요 강건하면 팔십이라도
그 년수의 자랑은 수고와 슬픔 뿐이요
신속히 가니 우리가 날아가나이다

신속히 날아가는 인생이기에
허송세월하지 말고,
오늘 하루 마음을 다하여 살자.
오늘 하루 행복하게 살자.
오늘이 곧 나의 인생이다.

13 걱정말아요 그대
(전인권 노래)

그대여 아무 걱정하지 말아요
우리 함께 노래합시다
그대 아픈 기억들 모두 그대여
그대 가슴에 깊이 묻어 버리고

지나간 것은 지나간 대로
그런 의미가 있죠
떠난 이에게 노래하세요
후회 없이 사랑했노라 말해요

그대는 너무 힘든 일이 많았죠
새로움을 잃어버렸죠
그대 슬픈 얘기들 모두 그대여
그대 탓으로 훌훌 털어 버리고

지나간 것은 지나간 대로
그런 의미가 있죠
우리 다 함께 노래합시다
후회 없이 꿈을 꾸었다 말해요

지나간 것은 지나간 대로
그런 의미가 있죠

우리 다 함께 노래합시다
후회 없이 꿈을 꾸었다 말해요
우리 다 함께 노래합시다
새로운 꿈을 꾸겠다 말해요

박근혜 대통령 하야를 촉구하는
제4차 광화문 촛불집회에서(2016.11.19.)
전인권이 부른 노래이다.
이 노래는 세상 사람들에게 위로를 주는
메시지를 담은 노래로 많이 알려져 있고,
2015년도에는 가수 이적이
드라마 "응답하라 1988" OST를 통해
리메이크하여 불러 드라마와 함께
우리들 가슴을 따뜻하게 해준 노래이다.

우리 다 함께 노래하자.
새로운 꿈을 꾸겠다 말하자.
우리 다 함께 새로운 대한민국을 꿈꾸자.

14 상록수
(양희은 노래)

저들의 푸르른 솔잎을 보라
돌보는 사람도 하나 없는데
비바람 맞고 눈보라쳐도
온누리 끝까지 맘껏 푸르다

서럽고 쓰리던 지난날들도
다시는 다시는 오지 말라고
땀 흘리리라 깨우치리라
거칠은 들판에 솔잎되리라

우리들 가진 것 비록 적어도
손에 손 맞잡고 눈물 흘리니
우리 나갈 길 멀고 험해도
깨치고 나아가 끝내 이기리라

우리들 가진 것 비록 적어도
손에 손 맞잡고 눈물 흘리니
우리 나갈 길 멀고 험해도
깨치고 나아가 끝내 이기리라
깨치고 나아가 끝내 이기리라

박근혜 대통령 퇴진을 외치는
제5차 광화문 촛불집회에서(2016.12.26.)
양희은이 부른 노래이다.
 '상록수'는 노무현 대통령이
살아생전 좋아하셨던 노래라고 한다.
그녀는 그 날 박근혜 퇴진 구호 속에서
이 노래를 토해낸 소회는 남다를 것 같은데,
 "듣는 분들, 받아들이는 분들 마음이 있을 테니
내가 말을 보내는 것은 아닌 것 같다"며 말을 아꼈다.
정말 말이 필요 없었다.
노래를 듣는 것만으로도 가슴이 벅찼다.
나도 그 역사의 현장에서 나의 딸, 처남 내외,
9살짜리 처남 딸과 함께 상록수 노래를 들었다.
상록수 노래가사는 다 몰랐지만,
마지막 끝 소절만큼은 목청껏 불렀다.

깨치고 나아가 끝내 이기리라

15 You Raise Me Up
(Secret Garden 노래)

When I am down and,
oh my soul, so weary.
When troubles come and
my heart burdened be.
Then, I am still
and wait here in the silence.
Until you come and sit awhile with me.
You raise me up,
so I can stand on mountains.
You raise me up
to walk on stormy seas.
I am strong,
when I am on your shoulders.
You raise me up
 omore than I can be.

내 영혼이 힘들고 지칠 때
괴로움이 밀려와
나의 마음을 무겁게 할 때

나는 여기에서 고요히 당신을 기다립니다.
당신이 내 옆에 와 앉을 때까지
당신이 나를 일으켜 주시기에
나는 산에 우뚝 서 있을 수 있고,
당신이 나를 일으켜 주시기에
나는 폭풍의 바다도 건널 수 있습니다.
당신이 나를 떠받혀 줄 때
나는 강인해집니다.
당신이 나를 일으켜
나보다 더 큰 내가 되게 합니다.

"You Raise Me Up"은 시크릿 가든(Secret Garden)의
롤프 뢰블란(Rolf Løvland)이 편곡을 하고,
브렌던 그래이엄(Brendan Graham)이 가사를 쓴 노래이다.
뢰블란은 아일랜드의 소설가이자 CCM 작곡가인
브렌던 그레이엄의 소설을 읽고,
그에게 다가가 자신의 곡에 노랫말을 붙여 달라 하였다.
이 노래는 2002년에 출시된
시크릿 가든의 앨범 "Once in a Red Moon"에 들어 있으며,
아일랜드의 가수 브라이언 케네디(Brian Kennedy)가 불렀다.

내 스마트폰 컬러링도 "You Raise Me Up"이다.
위 노래를 듣는 것만으로도 행복하다.
노래가사처럼 이 세상을 헤쳐 나가기에는

참 힘들고, 지칠 때가 많다.
그런데 누가 내 곁에서 나를 일으켜 주는 분이 있다면
그 분의 존재만으로도 큰 힘이 될 것이다.

남자든, 여자든 상대방으로부터 가장 바라는 것이 무엇일까?
돈도 좋고, 명예도 좋지만,
가장 바라는 것은 상대방이 나 자신을 인정해 주는 것 아닐까?
나도 그 상대방을 인정해주자.
나와 다름을 인정해 주고, 격려해 주자.
그것이 곧 사랑이다.
그리고 그 사랑은 나에게만 머무르게 하지 말고,
다시 나로부터 흘러가게 해야 한다.
우리 모두가 축복의 통로가 되도록
늘 마음을 다하자.

16 내 영혼이 은총입어
(찬송가 438장)

내 영혼이 은총 입어 중한 죄 짐 벗고 보니
슬픔 많은 이 세상도 천국으로 화 하도다

주의 얼굴 뵙기 전에 멀리 뵈던 하늘나라
내 맘 속에 이뤄지니 날로날로 가깝도다

높은 산이 거친들이 초막이나 궁궐이나
내 주 예수 모신 곳이 그 어디나 하늘나라

(후렴)
할렐루야 찬양하세 내 모든 죄 사함 받고
주 예수와 동행하니 그 어디나 하늘나라

내가 참 좋아하는 찬송가이다.
지인이 이 곡을 오카리나로 연주한 것을 카톡으로 보내왔다.
연주곡을 듣고 있으니 저절로 찬송이 입에 나온다.
이 찬양만으로도 오늘 난 행복하다.

17 봄 길
(정호승 시)

길이 끝나는 곳에서도
길이 있다
길이 끝나는 곳에서도
길이 되는 사람이 있다
스스로 봄 길이 되어
끝없이 걸어가는 사람이 있다
강물이 흐르다가 멈추고
새들은 날아가 돌아오지 않고
하늘과 땅 사이의 모든 꽃잎은 흩어져도
보라 사랑이 끝난 곳에서도
사랑으로 남아있는 사람이 있다
스스로 사랑이 되어
한없이 봄 길을 걸어가는 사람이 있다

정호승 시인의 '봄 길' 이라는 시다.
길이 끝나는 곳에 길이 있고,
길이 끝나는 곳에
길이 되는 사람이 있다고 한다.
시인은 삶의 벼랑끝에서도 희망을 찾아

다시 일어서는 사람을 응원하고 있다.
아픈 사랑의 상처를 보듬고 살아가는
우리를 응원하고 있다.
사랑은 끝이 없어야 한다.
모든 것이 끝나도
사랑만큼은 끝나면 안된다.
우리 모두 사랑으로 남아있는 사람이 되자.

18 고래를 위하여
(정호승 시)

푸른 바다에 고래가 없으면
푸른 바다가 아니지
마음속에 푸른 바다의
고래 한 마리 키우지 않으면
청년이 아니지

푸른 바다가 고래를 위하여
푸르다는 걸 아직 모르는 사람은
아직 사랑을 모르지

고래도 가끔 수평선 위로 치솟아 올라
별을 바라본다.
나도 가끔 내 마음 속의 고래를 위하여
밤하늘 별들을 본다

어제 영화관에서 영화 상영 전
어느 회사 광고에 등장한
정호승 시인의 멋진 시다.

푸른 바다는 '드넓은 세상을',
고래는 '꿈'을,
별은 '희망'을 의미하는 것이 아닐까?

요즘 청년들에게는
꿈을 가질 여유조차 없는 것 같다.
가정에서는 좋은 대학, 좋은 직업만 이야기하고,
중고등학교에서는 국영수만 강조하고,
대학생활도 스펙 쌓는 것이 전부인 것 같다.
지금 세상은 같은 붕어빵만 열심히 만들어 내고 있다.

바다에 고래가 없으면 바다가 아니듯이
청년에게 꿈이 없으면 청년이 아니다.
오늘부터라도 꿈을 갖자.
꿈을 이루고 못 이루고는 그 다음 문제이다.
꿈조차 갖지 않은 상태에서 어떻게 꿈을 이룰 수 있겠는가?
그리고 그 꿈을 이루기 위해 마음을 다하자.

그 꿈을 청년만이 가지라는 법 없다.
마흔아홉살의 나도 꿈을 가지고 있다.
고등학교 때부터 갖고 있던
훌륭한 정치인이 되겠다는 꿈은 버렸지만,
내가 서 있는 이 자리에서 내 가족을 위하고,
내 이웃을 섬기는 참 아름다운 사람이 되고 싶다.
앞모습 보다 뒷모습이 더 아름다운 사람이 되고 싶다.

꿈이 너무 평범하다고 반문할지 모르겠다.
아니다.
너무 평범한 것이 아니라
나에게는 너무나 감격스러운 큰 꿈이다.
나는 더불어 사는 세상을 만드는 데
아주 작은 흙이 되고 싶다.
내가 그렇게 작은 흙으로
쓰임 받는 것만으로도 행복하다.
식물이 자라기 좋은 흙이 되기 위해
오늘도 더 낮아지는 삶을 살고 싶다.

나도 가끔 내 마음 속의 고래를 위하여
밤하늘 별들을 본다.

19 흔들리며 피는 꽃
(도종환 시)

흔들리지 않고 피는 꽃이 어디 있으랴
이 세상 그 어떤 아름다운 꽃들도
다 흔들리면서 피었나니
흔들리면서 줄기를 곧게 세웠나니
흔들리지 않고 가는 사랑이 어디 있으랴

젖지 않고 피는 꽃이 어디 있으랴
이 세상 그 어떤 빛나는 꽃들도
다 젖으며 젖으며 피었나니
바람과 비에 젖으며
꽃잎 따뜻하게 피웠나니
젖지 않고 가는 삶이 어디 있으랴

도종환 시인의 '흔들리며 피는 꽃' 라는 시다.
꽃의 모습을 통해 우리들의 삶을 잘 표현하고 있는 시다.
그렇다.
흔들리지 않는 삶이 어디 있겠는가?
바람과 비에 젖지 않는 삶이 어디 있겠는가?
단지 그것들을 받아들이는 정도만 다를 뿐이다.
단지 그것들을 극복하는 정도만 다를 뿐이다.

그런데 꼭 잊지 말아야 할 것이 있다.
꽃은 피는 것이 목적이 아니라
열매 맺는 것이 목적이다.
꽃이 꽃만 피우고 열매를 맺지 않는다면
그건 가짜 꽃이다.

사람도 마찬가지이다.
우리는 무언가의 열매를 남기고 가야 한다.
기왕이면 좋은 열매,
아름다운 열매를 남기고 가자.
꽃향기 나는 사람으로 남자.

20 시가 뭐고
(소화자 시)

논에 들에할 일도 많은데
공부시간이라고
일도 놓고
허둥지둥 왔는데
시를 쓰라 하네
시가 뭐고
나는 시금치씨
배추씨만 아는데

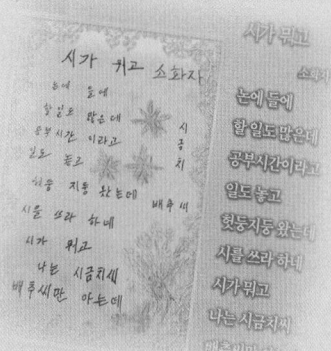

'시가 뭐고?'라는 시집에 실린
칠곡 할매 소화자님 시다.
'시가 뭐고?' 시집은 경북 칠곡군이
인문학 조성사업의 일환으로
칠곡에 사시는 주로 70~80대 할매 89명이
한글을 배우고, 그 결과로 시집을 낸 것이다.

참새 (이무임 시)

점심을 먹고 노인정 간다고
노인정 간다고
골목을 나서니
보리밭에 참새들이
보리를 따먹다가 나한테 들켜
훨훨 날아가는 것을 보니
저 참새가 조금한 배나 채워갔는지!
내 양심에 미안하구나.

'참새' 라는 시를 읽다보니
돌아가신 내 할매가 생각난다.

내 할매도 그랬다.
내가 군법무관시보 시절 생애 처음으로 잡아온 자라를
불쌍하다고 고향 저수지에 살려주고 오셨다.

'감자 오키로' 라는 시는
참 행복이 무엇인지 느끼게 해주는 시다.

감자 오키로 (김옥교 시)

감자 오키로 심어서
백키로 캐고
느무 조아
아들 딸 주고
우리 아들 손자
걱정 없이 살고 하면
행복하지

돌아가신 할머니의 사랑이 생각난다.
내가 걱정 없이 사는 것 보다
소중한 사람이 걱정 없이 사는 것이 행복이다.
이 시를 읽는 나도 느무 좋다.

21 구부러진 길
(이준관 시)

나는 구부러진 길이 좋다.
구부러진 길을 가면
나비의 밥그릇 같은 민들레를 만날 수 있고
감자를 심는 사람을 만날 수 있다.
날이 저물면
울타리 너머로 밥 먹으라고 부르는
어머니의 목소리도 들을 수 있다.
구부러진 하천에
물고기가 많이 모여 살듯이
들꽃도 많이 피고
별도 많이 뜨는 구부러진 길.
구부러진 길은 산을 품고 마을을 품고
구불구불 간다.
그 구부러진 길처럼 살아온 사람이
나는 또한 좋다.
반듯한 길 쉽게 살아온 사람보다
흙투성이 감자처럼

울퉁불퉁 살아온 사람의
구불구불 구부러진 삶이 좋다.
구부러진 주름살에
가족을 품고 이웃을 품고 가는
구부러진 길 같은 사람이 좋다.

이준관 시인의 '구부러진 길'이란 시다.
시를 읽는 것만으로도 시골길에 서 있는 느낌이다.
흙냄새가 난다.
바람소리도 들린다.

구부러진 길에는 사람냄새가 난다.
구부러진 길에는 따스한 정이 묻어 있다.

산과 강은 구부러진 곡선의 연속이다.
자연은 자신처럼 구부러진 삶을 살라고 가르치고 있다.
막히면 돌아가자.
조금 늦더라도 함께 가자.
새들이 들려주는 노래도 듣고,
선풍기바람 불어오는 나무 그늘 아래에서
막걸리도 한잔 하면서 가자.
삶 속에서 만나는 벗들과 함께
구부러진 인생길을 맘껏 웃으면서 걸어가자.

2016년 여름 광화문 글판에는
이 시가 이렇게 걸렸다.

구부러진 길이 좋다
들꽃 피고 별도 많이 뜨는
구부러진 길 같은 사람이 좋다

22 6월의 장미
(이해인 시)

하늘은 고요하고
땅은 향기롭고 마음은 뜨겁다
6월의 장미가 내게 말을 건네옵니다
사소한 일로 우울할 적마다
'밝아져라'
'맑아져라'
웃음을 재촉하는 장미 삶의 길에서
가장 가까운 이들이
사랑의 이름으로
무심히 찌르는 가시를
다시 가시로 찌르지 말아야
부드러운 꽃잎을 피워낼 수 있다고
누구를 한 번씩 용서할 적마다
싱싱한 잎사귀가 돋아난다고
6월의 넝쿨장미들이
해 아래 나를 따라오며
자꾸만 말을 건네옵니다

사랑하는 이여
이 아름다운 장미의 계절에
내가 눈물 속에 피워 낸
기쁨 한 송이 받으시고
내내 행복하십시오

이해인 수녀님의 '6월의 장미'라는 시다.
마음이 울컥해져서 눈물이 나려한다.
장미와도 대화를 하는 수녀님이 부럽다.
행복을 기원하는 모습이 참 아름답다.

장미는 자기 자리에서 꽃을 피웠을 뿐이다.
수녀님은 그 장미와 대화를 하고,
나는 그 대화를 보고 행복을 느낀다.

우리들 인생도 마찬가지이다.
자기 자리에서
자신만의 꽃을 아름답게 피우는 것,
그것이 곧 이웃을 사랑하고, 섬기는 일이다.
또한 그것이 진정 나를 행복하게 하는 첩경이다.

주향백리(酒香百里)
화향천리(花香千里)
인향만리(人香萬里)
좋은 술 향기는 백 리를 가고,
꽃의 향기는 천 리를 가고,
사람의 향기는 만리를 간다고 했다.

아름다운 향기를 남기고 떠나자.
아름다운 뒷모습을 남기자.

23 대추 한 알
(장석주 시)

저게 저절로 붉어질 리 없다
저 안에 태풍 몇 개
저 안에 천둥 몇 개
저 안에 벼락 몇 개

저게 저 혼자 둥글어질 리는 없다
저 안에 무서리 내리는 몇 밤
저 안에 땡볕 두어 달
저 안에 초승달 몇 날

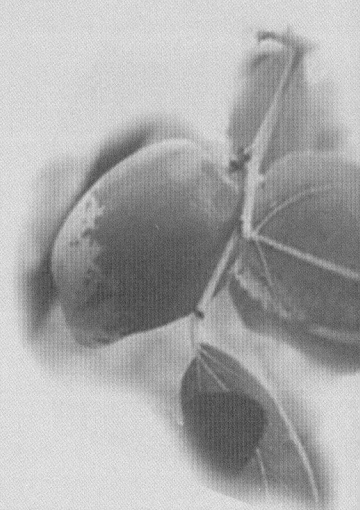

장석주 시인의 '대추 한 알'이라는 시다.
대추 한 알을 보고,
이런 시를 지어내는 시인이 부럽다.
우리들의 치열한 삶을 대추 한 알로 잘 묘사했다.
살다 보면 넘어지고, 좌절할 때가 많은 것이다.
그렇지만 그냥 주저앉아 있을 수만은 없다.
그렇게 하기에는 우리들 인생이 너무 짧다.

태풍도, 천둥도, 벼락도 결국 지나간다.
'지나갈 것이다' 가 아니라
반드시 지나간다.
아무리 뜨거운 땡볕도 지게 되어 있다.
또한 아무리 어두워도 반드시 태양은 뜬다.

그렇게 자연은 우리들에게
어떻게 살아가야 하는지를
온 몸으로 보여주고 있다.
우리 다시 일어나자.
그리고 함께 걸어가자.
기왕 가는 길 웃으면서 가자.

24 풀꽃·1
(나태주 시)

자세히 보아야
예쁘다

오래 보아야
사랑스럽다

너도 그렇다

나태주 시인의 '풀꽃·1' 시다.
1991년 이후 교보생명 본사 건물에 걸린
'광화문 글판' 가운데
사람들의 사랑을 가장 많이 받은 작품이라고 한다.

시인은 풀꽃은 자세히 보아야 예쁘고
오래 보아야 사랑스럽다고 하고
'너'도 그렇다고 한다.

그러나 나는 시인의 생각과 달리한다.
길가에 풀꽃은 그냥 보아도 예쁘고,
잠깐 보아도 사랑스럽다.
사람인 '너'도 처음 본 순간 예쁘고,
잠깐 봐도 사랑스럽다.
물론 모든 사람이 바로 '너'가 되는 것은 아니다.
서로가 서로에게 그런 '너'가 되었으면 좋겠다.

2016년 8월 마지막 주 토요일
강원도 영월에 있는 동강에 왔다.
그냥 본 하늘임에도 참 예쁘고, 사랑스럽다.
엊그제까지 살인적인 폭염에 시달렸는데,
이곳은 가을의 향기가 가득하다.
바람도 가을바람이다.

하늘 (김양홍 시)

잠깐 보아도 예쁘다
순간 보아도 사랑스럽다
너도 그렇다

25 조용한 일
(김사인 시)

이도 저도 마땅치 않은 저녁
철 이른 낙엽 하나 슬며시 곁에 내린다

그냥 있어볼 길밖에 없는 내 곁에
저도 말없이 그냥 있는다

고맙다
실은 이런 것이 고마운 일이다

김사인 시인의 '조용한 일' 이라는 시다.
시인은 그냥 떨어진 낙엽에도 고마움을 느낀다.
우리 곁에 있는
소소하고 작은 낙엽 같은 존재에
감사한 마음을 갖자는
시인의 외침이 마음에 와 닿는다.

걸을 수 있고,
볼 수 있고,
생각할 수 있고,
말할 수 있는 것도
큰 감사거리 아닌가?

인생은 행복과 불행이 섞여 있는 비빔밥이다.
항상 즐겁고 행복한 일만
있을 수 없는 것이 우리들 인생 아닌가?
항상 맑으면 사막이 된다.(스페인 속담)

오늘 내 곁에 슬며시 앉은 낙엽에게
그냥 감사하는 마음을 갖는 것이
인생을 행복하게 사는 지름길 아닐까?

이유가 있어서 감사하는 것 보다
이유가 없어도 감사하는 삶을 살자.

2016년 광화문글판 가을편에는
위 시의 일부가 다음과 같이 걸렸다.

낙엽 하나 슬며시 곁에 내린다
고맙다
실은 이런 것이 고마운 일이다

26 자식의 은혜
(슈안진 시)

너, 몇 살이지? 15살요
엄마께서는요? 저도 15살이에요
농담도 잘 하시네요

아뇨, 저는 애를 낳고 엄마로 태어났거든요
애 아빠도 그렇대요

그렇지, 부모는 자식이 낳아 키워주지
평생이 걸리지만 부모로 키워주지

서로를 낳아 키우지
닭과 달걀처럼

말과 침묵처럼
밤과 낮처럼
손자 덕에 할머니로 태어나 자라는 나도.

난 어버이의 은혜만 알았지(?) 자식의 은혜는 모르고 살았다.
부모가 되는 법을 공부하지 않은 채 그냥 부모가 되어
자식에게 고통만 준 것 같아 미안하다.
나는 두란노 아버지학교를 졸업하고 나서야
내가 빵점 아버지라는 것을 알았다.
그런 빵점 아빠를 사랑해준
은혜와 은철이에게 감사의 마음을 전한다.
이제 겨우 50점짜리 아빠지만
부지런히 노력해서 할아버지만큼은 100점을 받고 싶다.
내 꿈은 참 좋은 할아버지가 되는 것이다.

부모 된 사람들의 가장 큰 어리석음은
자식을 자랑거리로 만들고자 함이다.
부모 된 사람들의 가장 큰 지혜로움은
자신들의 삶이 자식들의 자랑거리가 되게 하는 것이다.
- 채근담 -

27 준비물
(최대호 시)

좋은 일
좋은 사람
좋은 삶을 만나려면
간단한 준비물이 있다.

좋은 나.

오늘 아침 우연히 만난
최대호 시인의 '준비물'이라는 시다.
 '좋은 나'를 준비하지 않은 채
좋은 삶을 기대하는 것은 놀부 심보다.
끼리끼리 만나고, 끼리끼리 살게 되어 있다.
오늘부터라도 마음가짐을 바르게 하자.
내 생각이 바뀌면 내 운명이 바뀔 것이다.

생각이 바뀌면 태도가 바뀌고,
태도가 바뀌면 행동이 바뀌고,
행동이 바뀌면 습관이 바뀌고,
습관이 바뀌면 인격이 바뀌고,
인격이 바뀌면 운명이 바뀐다.

- 윌리엄 제임스(William James) -

28 사랑의 물리학
(김인숙 시)

질량의 크기는 부피와 비례하지 않는다.

제비꽃같이 조그마한 그 계집애가
꽃잎같이 하늘거리는 그 계집애가
지구보다 더 큰 질량으로 나를 끌어당긴다.
순간, 나는
뉴턴의 사과처럼
사정없이 그녀에게로 굴러 떨어졌다.
쿵 소리를 내며, 쿵쿵 소리를 내며

심장이 하늘에서 땅까지
아찔한 전자운동을 계속하였다.
첫사랑이었다.

요즘 장안의 화제가 되고 있는 tvN 드라마 '도깨비'에서
도깨비 역으로 나오는 공유가 읽은 시다.
사랑은 한 마디로 말해서 '끌림' 이다.

그렇다면 첫사랑은 '아찔한 끌림' 아닐까?
사랑하는 사람이 있는 것과 없는 것은 다르다.
그냥 다른 것이 아니라 '전혀' 다르다.
무엇이든 주고 싶고,
무엇이든 줘도 아깝지 않은 것이 사랑이다.
아찔한 끌림과 끌림이 있는 삶을 위해
지금 당장 첫사랑도 하고, 사랑도 하자.
사랑의 크기는 끌림과 비례한다.

너와 함께 한 시간 모두 눈부셨다.
날이 좋아서
날이 좋지 않아서
날이 적당해서
모든 날이 좋았다.
그리고
무슨 일이 벌어져도 니 잘못이 아니다.

- tvN 드라마 '도깨비' 명대사 -

29 영화 '덕혜옹주'

2016년 광복절 가족들과 함께 영화 '덕혜옹주'를 봤다.
참 많이 울었다.
분해서 울었고,
덕혜옹주의 삶이 짠해서 울었고,
나에게 조국이 있음에 감사해서 울었다.

나는 영화를 보기 전까지는 덕혜옹주에 대해 잘 몰랐다.
"덕혜옹주가 누구요?"
영화 속 '김장한' 기자의 질문에
박정희가 한 질문이기도 하다.
영화 포스터에 있는 문구처럼,
역사가 잊고, 나라가 감췄던
대한제국의 마지막 황녀
덕혜옹주의 비극적인 삶을 그린 명작이다.

우리는 지금 애써 아픈 역사를 잊으려 하고 있지는 않는가?

위안부 피해자 문제가 그렇다.
서둘러 마무리 할 일이 아님에도
그렇게 급하게 매듭지려 하는 이유는 무엇인가?
배상이니 보상이니 하는 말장난 그만 하자.
이 문제는 일본이 침략전쟁의 잘못을 시인하고,
다시는 침략전쟁을 일으키지 않겠다는
모습을 보여야만 끝날 수 있는 문제이다.
독도 문제도 같은 연장선상에 있는 문제이다.

위안부 문제는 그냥 그렇게 한일 양국 정부가
합의한다고 해서 해결될 문제가 아니다.
상처는 봉합하는 것이 우선이 아니라 '치료'가 우선이다.
용서는 가해자가 구하는 것이지
피해자가 구걸하는 것이 아니다.
일본이 주기로 한 10억엔 없어도 살 수 있다.
위안부 피해자 할머니들과 많은 국민들이
그 돈 받으려고 지금까지 싸운 것은 아니지 않는가?

광복 71주년을 맞아 오늘 정오 종로 보신각에서
타종행사가 열렸다.
타종 인사로 위안부 할머니 김복동 할머니, 독립유공자 후손,
독립운동사를 정리하고 있는 김홍신 소설가 등

12명이 4명씩 3개조로 나눠 11번씩 모두 33번의 종을 쳤다.
우리의 아픈 역사를 결코 잊어서는 안된다.
그 뼈아픈 역사, 오늘 광복절만이라도 33번 기억하자.

같이 영화를 본 딸이 나에게 묻는다.
"아빠는 일제시대 때 태어났다면 어떻게 하셨을 것 같아요?"
나는 독립운동은 못했더라도
최소한 영화 속 '한택수' 같은
친일파는 되지 않았을 것 같다.
다시는 이 땅에 한택수, 이완용 같은
친일파가 처단되지 않고 잘 사는 나라는 물려주지 말자.
그것은 정의가 아니다.

우리에겐 돌아갈 고향이 있습니다.
저도 끝까지 포기하지 않겠습니다.
빼앗긴 들에도 봄은 옵니다.
- 영화 '덕혜옹주' 명대사 -

30 영화 '밀정'

세계미래포럼 감성경영2기 원우님들과 함께
영화 '밀정'을 관람했다.
의열단 단원들과 일본 경찰 밀정들 사이에
반전과 반전이 거듭되는 참 잘 만들어진 영화이다.
나는 영화를 보는 내내 미안한 마음이 들었다.
나는 그 동안 의열단이 한 일에 대해 알고 있는 것이 거의 없었다.

의열단은
옳을 의(義), 세찰 열(烈), 단체 단(團) 이름 그대로
'옳은 일을 맹렬히 실행하는 단체'이다.
우리 조국 대한민국의 독립을 위해
일본의 심장부에 스물 세 번의 폭탄 투척과 암살시도를 했던
당신들의 존재를 나는 잊고 살았다.
자라나는 우리 학생들에게
역사시험에 나올 사건들만 가르칠 것이 아니라
의열단의 정신을 가르쳐야 하지 않을까?

영화 '밀정' 홈페이지에서 공개하고 있는
줄거리는 다음과 같다.

1920년대 일제강점기
조선인 출신 일본경찰 이정출(송강호)은
의열단의 뒤를 캐라는 특명으로
의열단의 리더 김우진(공유)에게 접근하고,
한 시대의 양 극단에 서 있는 두 사람은
서로의 정체와 의도를 알면서도
속내를 감춘 채 가까워진다.
출처를 알 수 없는 정보가 쌍방간에 새어나가고
누가 밀정인지 알 수 없는 가운데,
의열단은 일제의 주요 시설을 파괴할
폭탄을 경성으로 들여온다.
그리고 일본 경찰은 그들을 쫓아 모두 상해에 모인다.
잡아야만 하는 자들과 잡힐 수 없는 자들 사이,
자신의 목표를 위해 서로를 이용하려는 암투와 회유,
교란 작전이 숨가쁘게 펼쳐지는 긴장감 속에서
폭탄을 실은 열차는 국경을 넘어 경성으로 향한다.

3·1운동이 일어난 4년 후 1923년 3월
조선 경성 한복판에서 폭탄 36개, 권총 5정이 발견되었고,
의열단원 김시현, 유석현 등 18명이 구금된다.

1920년 3월 경기도 경찰부 직속 도경부로 특채된 후
이 사건으로 체포될 때까지 고등경찰과 경부로 근무한다.
그리고 독립투사들을 감시하고 정탐활동을 했던
인물로 알려진 황옥도 체포되었다.
황옥은 최후진술로
"경찰관리로 임무를 완수하기 위해 노력했고,
성공하면 경시까지 시켜줄거라 굳게 믿었다"고 했고,
당시 전 경찰부장 시로가미 유키치도
의열단을 일망 타진하기 위해 황옥을 침투시켰다고 인정했다.
영화에서도 일부 픽션이 가미된 채 그 내용이 등장한다.

영화 '밀정'은 역사적인 사실을 토대로 만든
스파이액션물이지만,
일본 경부 이정출(송강호)과 의열단 리더 김우진(공유)
두 사람의 우정과 의리 그리고 교란, 암투, 회유작전 등을
재미있게 그려낸 영화이다.
140분 영화 상영시간 내내 가슴 졸이며 봤다.
특히 연계순 역으로 나오는 한지민이 고문 당하는 장면은
너무 마음이 아프고 아팠다.

의열단 단장 정채산(김원봉)역을 한 이병헌은
송강호에게 이런 말을 한다.

나는 사람들 말은 물론이고
내 말도 믿지를 못하겠소.
내가 해야만 할 일
사람이 마땅히 해야 할 일을 믿을 뿐입니다.
모든 사람들은 자신의 이름을
어디에 올려야 할지를 정해야 할 때가 옵니다.
당신은 어느 역사 위에 이름을 올리시겠습니까?
앞으로 내 시간을 이 동지에게 맡깁니다.

영화 끝부분에 나레이션으로 한번 더 나오는
이병헌 대사가 가슴을 울린다.
그의 말이 곧 우리들이 나아가야 할 길이다.

우리는 실패해도 앞으로 나아가야 합니다.
그 실패가 쌓이고 우리는 그 실패를 디딛고
더 높은 곳으로 나아 가야 합니다.

영화 '밀정'은 이 땅에 사는 부모들이
자녀들과 함께 꼭 봐야 할 영화이다.
자녀들에게 나라 사랑하는 마음을 심어주자.
다시는 이 나라를 뺏기는 일은 없어야 하지 않겠는가?

31 영화 '날, 보러와요'

제20대 국회의원 선거 전날 밤,
25명(3쌍의 부부 포함)의 아버지들이 메가박스 이수 영화관에 모였다.
지금 박스오피스 1위를 달리고 있는 '날, 보러와요'를 보기 위해서다.
또한 이 영화를 만든 이철하 감독을 만나기 위해서다.
반포중 부자유친 회원 아버지들이 회원인 이철하 감독이 만든
영화를 보기 위해 모인 것이다.

대낮 도심 한복판, 강수아(강예원 역)는 이유로 모른 채
정신병원에 강제이송, 감금된다.
강제 약물 투여와 무자비한 폭력 속에 시달리던 수아는
모든 일을 기록하기 시작한다.
그로부터 1년 뒤, 시사프로 '추적24시'
나남수(이상윤 역)PD에게 불에 타다 만 수첩이 배달된다.
나남수PD는 믿기 힘든 사건들이 기록된
이 수첩의 진실을 밝히고자 강수아를 찾아가지만,
그녀는 현직 경찰서장 살인사건 피고인으로서
이미 1심 법원에서 징역 7년을 선고받아,

현재 항소심 재판진행중이다.
유일한 단서를 숨겨버린 강수아와 은폐된 사건을 파헤쳐
진실을 보도하려는 나남수 PD.
과연 무엇이 진실이고, 무엇이 거짓인가?

보호자 2명과 정신건강의학과전문의 1명의
동의만으로 강제입원이 가능한 정신병원,
대한민국 국민이라면 누구도 자유로울 수 없는
'합법적 감금'의 공포를 잘 그려내고 있다.

정신보건법 제24조(보호의무자에 의한 입원)
제1항은 다음과 같이 규정하고 있다.

'정신의료기관등의 장은 정신질환자의 보호의무자 2인의 동의
(보호의무자가 1인인 경우에는 1인의 동의로 한다)가 있고
정신건강의학과전문의가 입원등이 필요하다고 판단한 경우에 한하여
당해 정신질환자를 입원등을 시킬 수 있으며,
입원등을 할 때 당해 보호의무자로부터
보건복지부령으로 정하는 입원등의 동의서 및 보호의무자임을
확인할 수 있는 서류를 받아야 한다.

같은 조 제3항은 위 입원기간은 '6개월 이내'로 하고,
6개월이 지난 후에도 계속하여 입원 치료가 필요하다는

정신건강의학과전문의의 진단이 있고,
보호의무자가 입원 동의서를 제출한 때에는
6개월마다 시장·군수·구청장에게 입원 치료에 대한 심사를 청구하여
계속해서 정신병원 입원이 가능하도록 규정하고 있다.
정신병원은 정부로부터 환자 1명당 일정금의 보조금을 받기에
환자가 더 입원하면 할수록 더 좋은 시스템이다.

현행 형사소송법상 살인죄를 범한 사람도,
경찰이 검사에게 구속영장을 신청하고,
검사가 경찰의 구속영장 신청이 합당하다고 판단하여
판사에게 구속영장을 청구하면,
판사가 구속영장실질심사를 통해
구속영장을 발부해야만 구금을 할 수 있고,
그 구금기간도 경찰단계에서는 10일 이내,
검찰단계에서는 최대 20일 이내,
1심 재판을 받더라도 최대 6개월을 넘길 수 없다.

그런데 정신보건법은 보호의무자 2명의 동의와
정신건강의학과전문의 1명의 동의만 있으면
언제든지, 언제까지 합법적으로 구금할 수 있다.

이 영화는 합법적인 감금의 공포만을 그린 영화가 아니다.
실제 사건을 바탕으로 한 촘촘한 스토리,
숨 막히는 긴장감 그리고 예측 불가능한 놀라운 반전이 있다.

또한 이 영화는 청소년 관람불가 영화이다.
나는 웃을 수 있는 코미디 영화나 잔잔한 감동이 있는 영화를 좋아하지,
스릴러 영화는 좋아하지 않는데, '날, 보러와요' 영화는 강추한다.
무거운 주제를 다룬 영화이지만,
출연 배우들의 연기가 돋보이는 참 재미있는 영화이다.
영화자막이 올라갈 때까지는 영화가 끝난 것이 아니다.

※ 이 영화가 막을 내린 이후 헌법재판소는 2016년 9월 29일
정신보건법 제24조 1항과 2항에 제기된 위헌법률심판제청에 대해
재판관 전원일치 의견으로 헌법불합치 결정을 내렸다.
헌법불합치란 해당 법이 위헌이지만 즉각 효력을 중지시킬 경우
법 공백에 따른 혼란이 우려돼 법률을 개정하기 전까지
한시적으로 유지한다는 결정이다.
이 영화가 우리 사회의 어두운 면을 변화시키는데
큰 기여를 한 것으로 보인다.

32 영화 '주토피아'

중간고사를 마친 딸과 함께
만화영화 '주토피아'를 봤다.
주토피아(Zootopia)는
이상향을 의미하는 유토피아(Utopia)와
동물원(Zoo)를 합친 단어인 것 같다.

누구나 살고 싶어하는 도시 주토피아는
육식동물이 약한 동물들을 잡아먹지 않는
안전하고 살기 좋은 곳으로
모든 동물들이 함께 어울러 사는 곳이다.
말 그대로 동물들의 이상향이다.
그런데 이 영화는 동물들의 세계를 그린 것이 아니라
인간들의 군상(群像)을 풍자한 영화이다.

주인공인 주디 홉스는
연약한 토끼임에도 불구하고
경찰학교를 수석으로 졸업하고,
주토피아 동물들 연쇄 실종사건을 해결한다.

한편 주디 홉스의 부모는
"너는 토끼이기 때문에 경찰관이 될 수 없다."고 말린다.
심지어 주디 홉스가 경찰관이 되어
첫 근무지인 주토피아에서 근무하게 되었을 때
어려운 경찰관 업무가 아닌
주차단속요원이 된 것을 듣고,
하나님이 기도를 들어줬다고 기뻐한다.

나도 그랬다.
내 아들이 초등학교 저학년일 때
역사에 심취해서 역사학자가 되고 싶다고 했을 때
나는 일언지하(一言之下)에
"뭐 먹고 사냐?"고 반문하면서
어린 아들의 꿈을 꺾은 적이 있다.
다른 부모들은
나처럼 어리석은 언행을 하지 않기를 바란다.

주토피아 주디 홉스는 이렇게 외친다.
"누구나 무엇이든 될 수 있다.
당신이 어떤 종류의 동물이든 변화는
당신으로부터 이루어져요."

또 다른 주인공 닉 와일드 여우는
사기꾼으로 살아가다가 주디 홉스를 만나

본의 아니게 주디 홉스를 도와
주토피아 연쇄 실종사건을 해결한다.
가장 착하고 선할 것 같은 양은
주토피아를 공포의 도시로 만드는 악당이고,
주토피아 시장인 사자는
진실을 은폐하는 동물로 등장한다.
공무원인 늘보는 일은 느리게 하지만,
속도를 즐기는 폭주족으로 나온다.

사람은 외모를 보거니와
나 여호와는 중심을 보느니라
- 사무엘상 16장 7절 -

이 영화의 또 다른 백미는
주토피아 OST
"Try Everything"을 듣는 것이다.
노래 듣는 것만으로도 힘을 얻을 것이다.
노래가사처럼 일단 모든 것을 해보자.
실패와 성공은 그 다음 일이다.

33 단편영화 'BUS44'

중국의 어느 시골길에서 한 청년이
2시간 가까이 기다려 44번 버스를 탄다.
출발한 버스는 얼마 가지 않아
2인조 강도의 습격을 받는다.
승객들의 금품을 빼앗은 강도들은
젊은 여자인 운전사를 끌고 가
성폭행하려 하지만,
장정 10명이 넘게 탄 버스승객들은 외면한다.
보다 못한 청년이 승객들에게
"그냥 보고만 있을 겁니까?"라고 외치지만,
승객들은 모두 침묵한다.
그 청년은 운전사를 강간하는 강도들에게
혼자 대항하다 강도의 칼로 찔리고 제압당한다.
강간 당한 운전사가 버스로 돌아와
경멸하듯 승객들을 돌아보고,
돌아와서 버스에 타려는 그 청년을
타지 못하게 한 다음 버스를 몰아 떠난다.
청년은 할 수 없이 지나가는 승용차를 얻어 타고 가는데,

경찰이 교통사고 현장을 조사하는 것이 보였다.
조금 전까지 청년이 탔던
44번 버스가 언덕 밑으로 굴러
운전사와 승객 전원이 사망했다는 소식을
경찰관들의 대화를 통해 알게 된 청년은
쓴 웃음을 짓는다.

단편영화 '버스44'의 줄거리다.
버스44는 2001년에 제작된 홍콩의 영화로
실화를 바탕으로 하고 있다.
부산 국제영화제에 초청되어 알려졌다가
2014년 세월호 침몰 사고를 계기로
다시 주목을 받은 작품이다.
11분짜리 아주 짧은 단편영화이다.
네이버에서 '버스44'를 검색하면
바로 영화를 볼 수 있다.

내가 버스44에 타고 있었다면 어떻게 했을까?
우리들은 지금 버스44 승객들처럼
이웃의 고통을 외면하고 있는 것은 아닐까?
나만 잘 살고,
내 가족만 잘 되고,
내 아이만 잘 하면 된다고 생각하지 않는가?
참 많은 것을 생각하게 하는 영화이다.

34 단편영화
'The Lunch Date'

백인 귀부인이 붐비는 기차역에서
흑인신사와 부딪쳐 쇼핑백을 떨어뜨린다.
쏟아져 나온 물건을 주워 담느라
기차를 놓친 귀부인은
카페로 가 샐러드 한 접시를 주문한다.
자리를 잡은 그녀는 포크를
가지고 오지 않은 것을 깨닫고 포크를 가지러 간다.
그 사이에 모자를 쓴 흑인 한 사람이
태연히 자리에 앉아 샐러드 접시를 앞에 놓고,
음식을 먹고 있다.
화가 난 귀부인도 포크를 집어 든다.
흑인 한 번, 귀부인 한 번.
둘은 경쟁하듯 교대로 음식을 먹는다.
음식을 어느 정도 먹자
흑인이 커피 두 잔 가져와
하나를 귀부인에게 건넨다.
귀부인은 흑인이 준 커피를 마시고 나서
기차를 타러 간다.

순간, 그녀는 쇼핑백을 카페에 놓고 나온 것을 깨닫는다.
급히 카페로 뛰어갔지만 흑인도 쇼핑백도 보이지 않는다.
놀란 귀부인이 카페 여기저기를 훑어본다.
옆 테이블 위에 손대지 않은 샐러드 접시가 놓여 있다.
의자 위에 있는 쇼핑백도 그대로다.
자리를 잘못 앉은 부인이 흑인의 샐러드를 빼앗아 먹은 것이다.
그런데 그 흑인은 미소를 보이며
음식을 나눠먹었고, 커피까지 대접했다.
전후사정을 알게 된 귀부인이 크게 웃으면서 나간다.
그리고 영화의 앞부분과 뒷부분에 흑인 걸인이 각각 등장한다.

흑백 단편영화 'The Lunch Date' 이야기다.
네이버에서 '단편영화 런치데이트'를 검색하면,
이 단편영화를 감상할 수 있다.
10분 정도의 짧은 단편영화이다.
자막은 없지만 영어를 몰라도 저절로 이해된다.
귀부인은 백인이고, 귀부인과 부딪친 사람과 걸인들은
모두 흑인으로 나온다.
귀부인의 샐러드를 몰래 먹은 것으로 오해받은 사람도 흑인이다.
그 흑인은 귀부인에게
왜 자신의 샐러드를 먹느냐고 따지지 않았을까?
그 흑인은 귀부인에게 따지지도
않았을 뿐만 아니라 아예 커피까지 대접한다.
이 영화를 만든 감독은 다음과 같은 말을 하고 싶었던 같다.

눈에 보이는 것이 전부 진실은 아니다.
선입관을 버려라.
상대방을 있는 그대로 존중하라.
인종차별 하지 말라.

귀부인은 비록 처음 타려던 기차를 놓쳤지만,
우연히 카페에서 만난 그 흑인의 따뜻한 대접 때문에
크게 웃고, 다음 기차를 탈 수 있었다.
기차여행이 곧 인생길을 의미한다면
만남의 축복이 행복한 기차여행의 처음과 끝이 아닐까?

35 연극 '둥지'

자산관리회사에 다니는 성배는 복음을 전파하러 세네갈로 떠난
부모님의 빈자리를 채우기 위해 일요일마다 포천시 화대리에 있는
순영 할배 댁에 찾아간다.
또한 같은 마을에 사는 외할배 내외에게도
성배가 오는 일요일은 두 할배 내외의 유일한 낙이다.
또한 두 할배 내외는 서로 형동생, 오빠동생하는 사이다.

그런데, 성배가 어느 날
일요일이 아닌 목요일에 느닷없이 찾아와서는
승진했다는 기쁜 소식과 함께
업무상 LA에 3년 동안 있어야 한다고 한다.
성배 말에 두 할배 내외는 가슴이 철렁 내려앉는다.
두 할배 내외는
어떻게든 하나뿐인 혈육 손자를 잡기 위해
참한 읍내 병원 간호사 은정을
소개해주는 것부터 이야기가 시작된다.

등장하는 배우들 대사도
우리들이 일상적으로 쓰는 것이 대부분이다.

할매가 은정에게 노래를 시키면서
"노래를 못하면 시집을 못가는데~"라고 하자,
은정이 갑자기 멋진 율동과 함께
장윤정의 '어머나~'를 참 멋들어지게 부른다.

은정은 놓칠 수 없는 기회라면서 미국으로 떠나기로 한 성배에게
"놓칠 수 없는 기회 때문에 소중한 것을 놓치는 경우가 많다."면서
얼마 남지 않은 두 할배 내외 곁에 남으라고 충고한다.

어느 날 순영 할배가 성배 꿈속에서 나타나
"니~ 자산이나 잘 관리해~ 돈 보다 소중한 자산~"이라고 말한다.
꿈에서 깬 성배는 서울행 버스로 떠나려는 은정이를 쫓아가
"놓치고 싶지 않다"면서 사랑고백을 한다.
할배 가르침대로 성배는 돈 보다 소중한 둥지 '가족'을 얻는다.

"춥다. 들어가자"(순영 할배)
"고구마가 겁나게 다네~"(미정 할매)
"쪼매만 우리 곁에 있어라~"(미정 할매)
"나는 너여~"(현태 외할배)
"나 술 사기로 한 거 사기 싫어 먼저 간거여~"(현태 외할배)
"다들 떠나 불고 우리만 남네~"(민재 외할매)

짧은 대사 하나가 가슴을 후벼 판다.
연극 보면서 훌쩍이는 사람도 있다.

나도 많이 울었다.
물론 나는 평소 드라마 보면서도 잘 운다.
50대가 가까워지니 점점 아줌마가 되어 가는 것 같다.

등장 배우들이 한결같이 연기를 참 잘 한다.
성배 역의 김보선,
순영 할배 역의 박선우,
미정 할매 역의 고지현,
현태 외할배 역의 명재환,
민재 외할매 역의 박지원,
은정 역의 박지수.
이들은 언젠가 우리 대한민국을 대표할
훌륭한 연극인이 될 것으로 믿는다.
연극 관람 후 배우들과 뒷풀이를 함께 했는데,
그렇게 할매 연기를 잘 한
미정 할매와 민재 할매가 20대 처녀였다.

연극 '둥지'는 우리 주변에서 흔하게 일어나는 이야기로
소소한 일상 속에 행복이 있음을 가르쳐 주는
참 따뜻한 연극이다.
울지만 않으면 갓난아이도 함께 볼 수 있는
가족과 연인을 위한 연극이다.

연극 '둥지'의 백미(白眉)는
배우들의 무대인사가 끝난 다음에
갑자기 배우들이 등장하여 율동하면서 부르는
남진의 '둥지' 노래이다.
우리 더 이상 방황하지 말고, 한 눈 팔지 말고,
지금 있는 자리에서 둥지를 틀자.

둥지 (남진 노래)

너 빈자리 채워 주고 싶어
내 인생을 전부 주고 싶어
이제는 너를 내 곁에다 앉히고
언제까지나 사랑할까봐
우리 더 이상 방황하지마 한눈 팔지마
여기 둥지를 틀어 지난날의 아픔은 잊어버려
스쳐 지나가는 바람처럼
이제 너는 혼자가 아니잖아
사랑하는 나 있잖아
너는 그냥 가만히 있어다 내가 해 줄게
현실일까 꿈일까 사실일까 아닐까
헷갈리고 서 있지마 우~
사랑이 뭔지 그동안 몰랐지

내 품에 둥지를 틀어봐 너 빈자리 채워 주고 싶어
내 인생을 전부 주고 싶어
이제는 너를 내 곁에다 앉히고
언제까지나 사랑할까봐
우리 더 이상 방황하지마 한눈 팔지마
여기 둥지를 틀어 지난 날의 아픔은 잊어버려
스쳐 지나가는 바람처럼
이제 너는 혼자가 아니잖아
사랑하는 나 있잖아
너는 그냥 가만히 있어다 내가 해 줄게
현실일까 꿈일까 사실일까 아닐까
헷갈리고 서 있지마 우~
사랑이 뭔지 그동안 몰랐지
내 품에 둥지를 틀어봐
내 품에 둥지를 틀어봐

제3편
이런 저런 이야기

01 여보(如寶)와 당신(當身) 그리고 '내 사랑' · 02 생선, 꽃 그리고 손수건 · 03 화투의 비광 이야기 · 04 삶은 계란이다 · 05 김치찌개 인생론 · 06 인생은 야구경기이다 · 07 내 인생의 적(敵)은 '나' · 08 환경보다 더 중요한 것은 해석이다 · 09 우리는 모두 꽃이다 · 10 일어나지 않은 것은 너의 잘못이다 · 11 여행(女幸)길 · 12 소천(召天) · 13 스스로 자란 상추 이야기 · 14 나비가 꽃이 되는 거죠? · 15 그래도 지금이 좋은 줄 알아! · 16 하늘 향한 꿈 · 17 그냥 이쁘다 · 18 사랑은 오래 참는 것이 으뜸이다 · 19 꿈속에서 · 20 나 오늘 사랑 고백받았다 · 21 사랑이 없으면 · 22 행복은 전염병이다 · 23 소소하고 자잘한 행복 · 24 시간은 흐르지만, 추억은 흐르지 않는다 25 최고의 사업은 자식사업이다(백골부대모임) · 26 내 마음은 늘 싱글이다 · 27 골프와 인생살이의 공통점 28 마누라들은 너희들이 만들었다 · 29 우리의 미래는 우리가 결정해야 한다 · 30 1박 2일 · 31 백령도 안보탐방기 · 32 광명동굴 · 33 송도 트리 #1(송도센트럴파크) · 34 곤지암 화담(和談)숲 · 35 내 인생의 4일(일본 홋카이도여행)

01 여보(如寶)와 당신(當身) 그리고 '내 사랑'

요즘 젊은 부부들은 남편을 오빠라고 부르기도 하고,
서로 반말을 하는 경우가 많은 것 같다.
나도 연애할 때는 아내와 서로 반말을 했으나,
결혼 후에는 서로 존댓말을 하고 있다.
그렇게 한 이유는 반말을 하면 세 살 연상인 내가
더 손해 보는 것 같아서이기도 하지만,
무엇보다도 장차 태어날 아이들의 교육 때문에 그렇게 했다.

우리 아이들이 어렸을 때는 아이들에게조차도 말을 올렸다.
"맘마 드세요~, 참 잘 했어요~"
우리 아이들은 엄마아빠의 마음을 이해해줘서 그런지
어려서부터 지금까지 엄마아빠에게 반말을 하지 않는다.
옛 어른들은 아내를 '여보'라고 하고,
남편을 '당신'이라고 불렀다.
여보(如寶)는 같을 如(여)와 보배 보(寶)로
'보배와 같다'는 의미다.
남편이 아내를 부를 때 하는 말이다.

당신(當身)은 마땅할 당(當)과 몸 신(身)으로
 '내 몸과 같다'는 의미다.
아내가 남편을 부를 때 하는 말이다.

이처럼 여보, 당신이라는 말은 서로가 서로에게 보배이고,
내 몸과 같은 사람이라는 뜻이다.
단어 하나에도 깊은 사랑과 배려가 묻어나 있다.

내가 두란노 '아버지학교'에서 교육 받을 때
아내를 '마누라, 여편네, 집사람, 아무개엄마'
등으로 부르면 벌점을 받았다.
마누라는 '마주보고 누워라'의 준말이고,
여편네는 '옆에 있네'에서 왔다고 하지만,
아내는 '내 안의 해'라는 뜻이기 때문에
꼭 아내라고 호칭해야 했다.

그렇지만 요즘 신세대들은 여보, 당신, 아내 대신
더 좋은 말을 하는 것 같다.
내 남동생은 제수씨에게 '내 사랑'이라고 부른다.
나도 남동생 따라서 아내에게 '내 사랑'이라고 몇 번 불러봤다.

 '여보, 당신'이든, '내 사랑'이든
상대방을 존중하는 마음을 담아서 호칭하자.
사랑의 말이 아니면 하지 말자.

02 생선, 꽃 그리고 손수건

사람의 관계를 3가지로 구분해 볼 수 있다.
첫째, 생선과 같은 관계이다.
만날수록 비린내가 나는 관계이다.
두 번째, 꽃과 같은 관계이다.
처음 만날 때는 화려한 꽃과 같이 좋지만,
나중에는 시들어 버리는 관계이다.
세 번째, 손수건과 같은 관계이다.
서로가 서로의 눈물을 닦아주고,
땀을 닦아주는 관계이다.
- 이수성결교회 박정수 담임목사 -

과연 우리는 어떤 유형의 관계를 맺고 살아가는가?
그런데 당신은 아는가?
손수건은 다른 사람의 눈물과 땀을 닦아주기도 하지만,
내 눈물도 닦아주고,
내 땀도 닦아준다는 사실을 …
내 이웃을 돕는 마음은 곧 나를 돕는 마음이다.
내 이웃을 사랑하는 마음은 곧 나를 사랑하는 마음이다.
그래서 나는 항상 주머니에 손수건을 갖고 다닌다.

03 화투 비광 이야기

화투 중에 비광 그림의 윗쪽 검은 것은 버들가지,
가운데 파란 것은 냇물,
왼쪽 아래 구석의 노란 것은 개구리고,
한가운데 우산을 쓰고 있는 사람은
일본의 유명한 학자이자 서예가인
오노노 미치카제(小野道風)이다.

비광 그림에는 다음과 같은 이야기가 숨어있다.

미치카제가 아무리 붓글씨를 연습해도
도무지 솜씨가 나아지지 않은 어느 여름날이었다.
짜증이 난 미치카제는 붓을 내려놓고,
우산을 쓰고 밖에 나갔다.
그러다가 우연히 길가에 억수로 내리는
장맛비를 피하기 위해 개구리 한 마리가
넘치고 있는 도랑 한가운데서 버둥거리고 있었다.
가만히 보니 도랑 바로 옆에는 버드나무 가지가 있었는데,
개구리는 그것을 잡고 올라오려고 연신 애를 쓰고 있는 것이었다.

그러나 비에 젖은 버드나무는
너무 미끄러워서 개구리는 연신 미끄러졌다.
미치카제는 개구리가
언제까지 버틸지 궁금하여 앉아서 구경하기 시작했다.
개구리는 계속 미끄러지기를 반복하더니
결국엔 사력을 다하여 버드나무 가지를 잡고 올라왔다.
이것을 본 미치카제는 크게 깨달았다.
　'저런 미물도 죽을 힘을 다해 나무를 잡건만,
하물며 사람인 나라고 노력하면 이루어내지 못하겠는가?'
그 길로 돌아가 열심히 서예공부를 계속한 미치카제는
마침내 일본 제일의 서예가가 되었다.

위와 같이 화투 비광 그림에는
끝까지 포기하지 말고 노력하여
하고자 하는 일을 이루어 이름을 남기라는
깊은 뜻이 담겨 있는 것이다.

고스톱에서 비광은 다른 광과 달리
비광 외 나머지 광 2개를 더해도
3점이 아니라 2점에 불과하기에
5광 중에서도 가장 선호도가 낮은 광이다.

사람이 그려져 있는 비광만 1점이 모자란 1점으로 인정하는 것은
사람은 혼자서는 제대로 성공할 수 없다는 의미한다고 해석하기도 한다.
물론 4광이나 5광에서는 비광이 광으로서 온전히 대접을 받는다.
비광의 사연을 접하고 보니
다음 고스톱 판에서는 비광을 더 소중히 할 것 같다.

열심히 하지 않았는데,
우연히 잘 되는 일은 거의 없는 것 같다.
화투도 열심히 쳐야 이긴다.

성공도 우연이 아니고, 실패도 우연이 아니다.
성공하는 사람은 성공에 이르는 무언가를 하고 있는 사람이고,
실패한 사람은 그 일을 하는 데 실패한 사람이다.
- 브라이언 트레이시(Brian Tracy) -

04 삶은 계란이다

새 아침마다 장거리 출퇴근하는
아내를 위해 계란을 삶아주고 있다.
오늘 아침도 계란을 삶았는데,
거의 날계란 수준으로 삶았다.
계란을 삶는 데는 절대적인 시간이 필요하다.
그 시간은 10분이다.
5분 삶아서는 결코 삶은 계란이 될 수 없다.
우리들 삶도 마찬가지이다.
절대적인 시간이 필요한 것들 투성이다.
특히 자녀교육 문제는 더 그러는 것 같다.
10분은 기다려야만 된다.
기다려주고 또 기다려주자.
그래서 삶(인생)은 계란이다.

05 김치찌개 인생론

중학교 3학년 아들이 이 세상에서 제일 맛있는 음식은
아빠가 끓여준 김치찌개라고 한다.
나는 아들이 정말 맛있어서 그렇게 말한 것이라고 믿고 있다.
믿는 것은 자유이니까 …
물론 아들이 아빠를 사랑하는 마음으로
거짓으로 칭찬해준 것이라도 기분 좋다.

암튼 그 맛있는 김치찌개를 오늘 저녁에 끓여 봤다.
광주광역시에 사는 처남 내외가 성시경 콘서트 보러 상경했는데,
오늘 저녁 우리집에서 자고 가기로 했다.
그래서 내일 아침 함께 먹을 국으로 끓인 것이다.

내가 김치찌개를 맛있게 끓이는 방법은 간단하다.
먼저 물을 많이 넣고 팔팔 끓인 다음
맛있는 묵은지와 돼지고기, 두부를 썰어 넣고,
무, 양파, 청양고추 1~2개 (고추는 안넣어도 된다)
그리고 파를 넣어 끓이면 된다.

나는 간을 주로 소금으로 하는데,
오늘은 집에 있는 멸치액젓으로 했다.

김치찌개 맛은 우선 김치가 맛있어야 하지만,
김치만으로는 결코 맛있는 김치찌개를 만들 수 없다.
돼지고기도 있어야 하고, 두부도 있어야 한다.

우리네 인생살이도 마찬가지 아닐까?
더불어 함께 끓여야 맛있는 김치찌개 맛을 낼 수 있듯이
더불어 함께 살아야 성공한 인생을 살 수 있는 것이다.

그리고 아무리 맛있는 김치찌개도 혼자 먹으면 맛이 없다.
함께 먹어야 한다.
함께 살아야 한다.
아내가 한 마디 한다.
 "정말 맛있다. 어떻게 끓였어요?"

사랑으로 끓였다.
그래서 엄마가 끓여준 김치찌개는
맛있을 수밖에 없다.

06 인생은 야구경기이다

엊그제(2016.5.26.) 고척스카이돔에서
열린 넥센과 한화 프로야구경기 보고 왔다.
나는 광주일고 동창 염경엽 감독이 이끄는
넥센을 응원하는데, 동행한 일행들이 한화팬이라서
한화 응원석에서 몰래 넥센을 응원했다.
박쥐가 된 기분이었다.
그런데 박쥐 응원 때문인지 한화가 8회에 5점을 냈고,
결국 한화가 7:6으로 역전승했다.

인생은 야구경기이다.

2015년도 KBO리그와 미국 메이저리그
타율과 홈런 1위를 살펴보자.
KBO리그 타율 1위는 에릭 테임즈(NC) 0.381이고,
홈런 1위는 박병호(넥센) 53개이다.
각 팀당 경기는 144개이다.
미국 메이저리그 타율 1위는 Devaris Gorden(마이애미) 0.333이고,

홈런 1위는 Nolan Arenado(콜로라도) 42개이다.
각 팀당 경기는 162경기이다.

결국 한국과 미국에서 최고로 잘 친 선수가 3할대이다.
열 번 중에 세 번 정도 치면 참 잘 친 것이다.
또한 홈런도 3~4게임에 1개 정도 치면 최고의 홈런타자이다.

야구선수가 타석에 들어설 때마다
안타를 치고, 홈런을 치는 것은 원시적 불능이다.
인생살이에서 모든 일이 모두 잘 되는 것도 거의 불가능에 가깝다.
지금 계속 실패하고 있는가?
그렇다면 당신은 지금 인생의 안타나 홈런을 칠 가능성이
그만큼 높아지고 있는 것이다.

1루타면 어떻고, 2루타면 어떤가?
다음에 3루타 치고, 다음에 홈런 치면 된다.
너무 성급하게 생각하지 말자.
끝날 때까지는 끝난 것이 아니다.
그리고 나 혼자 잘해서는 결코 승리할 수 없다.
팀원들이 잘 하도록 지극히 마음을 다하여 돕자.
그래서 우리 승리하자.

07 내 인생의 적(敵)은 '나'

나를 대신해 내 인생을 살 수 있는 사람은 없다.
나만이 내 인생을 살 수 있다.
따라서 나보다 내 인생을 더 잘 살 수 있는 사람은 없다.
내 인생에 있어서 나는 영원한 1등이요, 챔피언이다.
마흔 이후, 우리 인생 최대의 적(敵)은
나 자신에 대한 내 인식과 태도다.
스스로를 무기력하고 실패한 인생으로
정의하려는 나 자신보다 더 큰 인생의 적은 없다.
나 자신을 격려하고 받아들일 수 있다면
어떤 어려운 상황에서도 실패 없는 인생을 살 수 있다.
나 보다 더 나은 나를 발견할 수 없다면
스스로를 격려하며 살아가자.
- 날마다 솟는 샘물 2016년 11월호 -

오늘 아침 말씀묵상하면서 만난 글이다.
인생을 살다 보면 어려운 일 투성이다.
인생은 '산 너머 산'이다.

우리는 산 정상에 오를 수도 있지만,
산 중턱에 주저앉을 수도 있고,
중도에 포기하고 싶을 때도 있다.
그렇다고 해서 실패한 인생인가?

성공하면 성공한대로, 실패하면 실패한대로,
마음을 다하여 올랐다면 그 자체로 아름다운 인생이다.
물론 산 정상에서 바라보는 풍경도 좋지만
산 중턱에서 쉴 때 보는 '산의 속살'은 더 아름답다.

힘들면 조금 쉬었다 가고, 고통스러우면 그냥 내려가도 된다.
우리 모두가 산 정상에 오를 필요는 없다.
또한 산 정상에서는 잠시 머무를 뿐 반드시 내려와야 한다.
산 아래에서도 나를 사랑해주는 이웃들이 기다리고 있다.
그들과 함께 더불어 살면 된다.
이래도 내 인생, 저래도 내 인생이다
오늘 하루 행복하게 살자

내 형제들아 너희가 여러 가지 시험을 만나거든
온전히 기쁘게 여기라
- 야고보서 1장 2절 -

08 환경보다 더 중요한 것은 해석이다

성경 창세기에는 야곱의 아들 요셉이라는 사람이 등장한다.
요셉이 17세 때 두번의 꿈을 꾼다.
한 번의 꿈은 가족들이 밭에서 곡식 단을 묶는데,
요셉의 단은 일어서고, 다른 가족들의 단은
요셉의 단을 둘러서서 절하는 꿈이고,
다른 꿈은 해와 달과 열한 별이 요셉에게 절을 하는 꿈이다.
요셉이 형들에게 그 꿈 이야기를 하자, 형들이 그를 시기한다.

어느 날 요셉이 아버지 심부름으로 양을 치고 있는 형들에게 갔을 때
형들이 요셉을 죽게 하려고 구덩이에 던지고,
때마침 그곳을 지나던 미디안 상인들에게 '은 이십'에 그를 팔았다.
그 미디안 상인들은 요셉을
애굽 바로 왕의 친위대장 보디발에게 노예로 판다.
요셉이 보디발을 지극히 잘 섬기고, 하나님의 돌보심으로

모든 일이 형통하게 되자, 보디발은 요셉을 가정 총무로 삼고,
자기의 소유를 다 그의 손에 위탁한다.

그런데, 어느 날 보디발의 아내가 요셉에게 동침하자고 유혹하는 것을
요셉이 거절하자 보디발의 아내는 요셉이 자신을 희롱하였다고 모함하고,
결국 요셉은 왕의 죄수를 가두는 옥에 갇힌다.
요셉은 옥에 갇혀서도 불평과 원망을 하면서 세월을 보내지 않고,
옥에 갇힌 왕의 술 맡은 자와 떡 굽는 자의 낯을 살펴
그들 꿈을 해석해주고, 그로 인해 바로 왕의 꿈까지 해석해 준다.
결국 그 꿈 해석으로 요셉은 30세 때 애굽 총리가 된다.

참 드라마틱한 성경 이야기이다.
요셉은 형들이 자신을 죽이려 하고, 자신을 노예로 팔고,
보디발의 아내로부터 모함을 당하여 옥에 갇히게 되었을 때도
불평하거나 원망하지 않았다.

한없이 낮아지는 그 순간
불평이나 원망 또는 남의 탓을 하며
입술로 범죄하지 말아야 한다.
- 이수성결교회 박정수 담임목사 -

또한 요셉은 그 모든 것을 "하나님이 했다"고 한다.
내가 모든 것을 하려고 하면 너무 힘들다.

하나님께 맡기고 살자.
분명 하나님은 하나님의 때에 당신을 높여주실 것이다.

아무리 어려운 환경 속에서도 감사하는 해석만 할 수 있다면
행복하게 살 수 있다.
환경 보다 더 중요한 것은 해석이다.
범사에 감사하는 마음이 우리 인생의 만병통치약이다.

09 우리는 모두 꽃이다

내가 아직 피어나지 않았다고
자기가 꽃이 아니라고 착각하지 말라.
남들이 피지 않았다고
남들이 꽃이 아니라고 여기지도 말라.
내가 피었다고 해서
나만 꽃이라고 생각하지 말라.
남들이 피었다고 해서
나만 꽃이 아니라고 생각하지 말라.
우리는 모두 꽃이다.

- 개그맨 김국진 -

개그맨 김국진이 했다는 말이다.
김국진 본인이 한 말이든 김국진이 옮긴 말이든
참 맞는 말이다.

꽃은 종류가 한정되어 있지만,
사람은 지구상의 사람 수 만큼 각자가 꽃이다.
내가 화려한 꽃이라고 해서 자만할 필요도 없고,
내가 너무 작은 들꽃이라고 해서 기죽을 필요도 없다.
나는 나만의 꽃을 피우면 된다.

꽃 피는 시기도 다를 수밖에 없다.
봄에 필 수도 있고, 겨울에 필 수도 있다.
우리 집 거실에서 자라고 있는 구아바나무처럼
4년 만에 꽃을 피우고, 열매를 맺을 수도 있다.
대나무처럼 일정 주기로 띄엄띄엄 필 수도 있다.
내가 너무 늦게 핀다고 초조해 할 필요도 없다.
꽃은 피게 되어 있다.

10 일어나지 않은 것은 너의 잘못이다

넘어지는 것은 너의 잘못이 아니지만,
일어나지 않는 것은 너의 잘못이다.

내 페이스북 친구가 올려놓은 글이다.
인터넷을 검색해도 누가 한 말인지 검색이 안된다.
누가 한 말이든 200% 공감한다.

누구든 넘어질 수 있다.
누구든 좌절할 수 있다.
내 잘못으로 넘어질 수 있지만,
내 잘못과 무관하게 넘어질 수도 있다.

그렇지만 그냥 주저앉아 있기에는 우리들 인생이 너무 짧다.
내가 도저히 움직일 수 없을 때는 작은 노래라도 부르자.
소리 없는 기도라도 하자.
지금 내가 할 수 있는 것을 하고 나머지는 하나님께 맡기자.

이루고 못 이루고는 하나님의 몫이다.
기도의 응답과 기도의 무응답 모두 하나님의 응답이다.

아무것도 염려하지 말고
오직 모든 일에 기도와 간구로
너희 구할 것을 감사함으로 하나님께 아뢰라
그리하면 모든 지각에 뛰어난
하나님의 평강이 그리스도 예수 안에서
너희 마음과 생각을 지키시리라
- 빌립보서 4장 6~7절 -

11 여행(女幸)길

지하철 4호선과 9호선 동작역 1번 출구쪽으로 가는 길에
여행(女幸)길 즉, 여자가 행복한 길이 조성되어 있다.
나도 출근할 때마다 주로 이 길을 이용한다.
여자만 행복한 길이 아니라 남자인 나도 행복한 길이다.
사색하기 딱 좋은 길이다.
물론 아무 생각 없이 걸어도 좋다.
벚꽃이 필 때는 벚꽃에 취하기도 한다.
오늘 아침 출근길에 보니 아카시아꽃이 곧 필 기세였다.

길을 걷는다는 것은 내가 걸을 수 있을 만큼 건강하다는 뜻이다.
길을 함께 걷는다는 것은 내가 사랑해야 할 사람이 있다는 뜻이다.
걸을 수 있고, 사랑할 사람이 있다는 것이 일상의 행복 아닐까?
행복은 누가 갖다 주는 것이 아니라 내가 누리는 것이다.
내가 갖고 있는 것을 '지금' 누려라.

12 소천(召天)

지난주 모임에서 만나 반갑게 대화를 했고, 평소 건강하셨던 분이
갑자기 심근경색으로 소천하셔서 문상 다녀왔다.
영정사진을 바라 볼 때 고인이 나를 반갑게 맞아주시는 것 같았다.
지금도 믿겨지지 않는다.

문상을 다녀오고 나서 얼마 되지 않아
공익근무요원으로 근무하던 젊은 청년이
근무 중 민원인이 준 스트레스를 견디지 못하고 자살하였는데,
이를 법적으로 어떻게 대응해야 하는지 궁금해 하는
그 청년의 모친에게 법률상담을 해드렸다.

내가 아는 40대 초반의 젊은 기업가는 업무상 해외출장이 잦아
어찌될지 모르기 때문에 매년 연초에
유서를 새로 써놓고 다닌다고 한다.

소천(召天)은 하늘의 부름을 받았다는 뜻으로,
기독교에서 죽음을 이르는 말이다.

나는 지금 하늘의 부름을 받을 준비가 되어 있는가?
매년 유서를 새로 써놓고 해외출장을 다닌다는
그 기업가의 마음가짐이 참 마음에 든다.
오늘이 내 인생의 마지막 날이라면
과연 나는 지금 하고 있는 일을 하고 있을까?
삶과 죽음 앞에서 참 많은 것을 생각하게 하는 하루다.

13 스스로 자란 상추이야기

지난해 내가 사는 아파트 옥상에
상추, 들깨, 치커리, 쑥갓, 부추 씨를 사다가 심어 참 맛있게 먹었다.
올해는 이런 저런 이유로 '옥상 농사'를 전혀 안지었는데,
작년에 심었던 상추 씨가 퍼져 먹을 수 있을 만큼 자라 있었다.
씨도 안 뿌리고, 물도 안줬는데, 스스로 자라 있었다.
아니 정확히는 내가 뿌린 상추씨가 나도 모른 사이에 자라난 것이다.
그래서 오늘 아침 그 상추를 뜯어서 맛있게 먹었다.

우리 인생도 비슷한 것 같다.
내가 했던 언행이 어디에선가는 나도 모르게 자라고 있다.
언행을 바르게 하자.
마음을 다하여 섬기자.
생을 마감할 때 아니 이 세상을 떠난 후에
참 좋은 사람으로 기억할 수 있도록
아름다운 사랑의 씨를 많이 뿌리자.
그 사랑의 씨는 옥상의 상추처럼 스스로 잘 자랄 것이다.

좋은 것은 사라지지 않는다.
- 존 스테인백(John Ernst Steinbeck) -

14 나비가 꽃이 되는 거죠?

어린이날 서래섬 유채꽃 보러 갔다.
유채꽃이 이제 막 피는 단계라서
노란색과 연두색이 환상적인 조합이다.
더욱이 유채꽃 향기는 치명적인 유혹이다.

어떤 아이 : 나중에 나비가 꽃이 되는 거죠?
어떤 아빠 : 응~

서래섬 주변에서 들은 어느 아이와 아빠의 대화 내용이다.
네다섯살 되어 보이는 그 아이 눈에는
나비가 꽃으로 된다고 보일 수 있다.
그 아이의 아빠는 그 아이의 생각이 틀리다고 답하지 않고
"응~"이라고 대답한다.

그 아이의 아빠는 참 지혜로운 분인 것 같다.
그 아이는 곧 알게 될 것이다.
나비는 결코 꽃이 될 수 없음을…

그렇지만 우리 모두 기다려주자.
우리 아이들이 나비가 꽃이 될 수 없음을
스스로 알 수 있도록 …

교사의 본분은 가르치는 게 아니야
기다려주는 거지.

- 영화 '시간이탈자' 명대사 -

15 그래도 지금이 좋은 줄 알아!

그래도 지금이 좋은 줄 알아!
뭐든지 우리가 너무 집착하면
주님께서 간섭하지 않는다.
'주님이 기뻐하시는게 뭘까?' 하고 생각하고
행동하면 더 더 좋은 일이 생기겠지!

나의 장모님이 주일 아침 가족 밴드에 올리신 글이다.
장모님 말씀처럼 지금 이 순간 감사한 마음으로 살고,
내 명철을 의지하지 말고,
하나님의 뜻을 물어 행동하는 것이
행복한 삶을 사는 길 아닐까?

너는 마음을 다하여 여호와를 의뢰하고
네 명철을 의지하지말라
- 잠언 3장 5절 -

16 하늘 향한 꿈

아래 그림은 햇살이 뜨거운 5월 어느 날
양철 지붕 위에서 꽃을 활짝 피운 넝쿨장미를 보고
장미화가 이길순 화백이 그린 '하늘 향한 꿈'이라는 그림이다.
그림에서도 그림자가 선명하게 보이듯
언뜻 봐도 뜨거운 열기가 느껴지는 양철 지붕 위에서 장미는
그렇게 한 낮에 아름다운 꽃을 피우고 있다.

장미는 단지 그 자리에서 장미꽃을 피웠을 뿐이다.
비록 그 자리가 양철 지붕 위라서 참기 힘든
뜨거운 열기도 있지만
아랑곳하지 않고, 최선을 다해 꽃을 피우고 있다.

양철(洋鐵)은 안팎에 주석을 입힌 얇은 철판이다.
과거 우리나라가 경제적으로 어려웠을 때
이 양철을 사용하여 지붕을 많이 지었지만,
지금은 구경하기조차 힘들다.
장미는 양철 위 뜨거운 열기 때문에
잎과 줄기가 마를 수도 있을 텐데
그렇게 예쁜 꽃을 피우고 있다.

우리도 그렇게 살아야 하지 않을까?
각자 자기 자리에서 나만의 아름다운 꽃을 피우자.
진흙탕이면 어떻고, 사막이면 어떤가?
또한 호박꽃이면 어떻고, 들꽃이면 어떤가?
꽃은 다 꽃이다.

더 좋은 꽃, 더 예쁜 꽃은 인간들이 지어낸 인공물에 불과하다.
하나님이 보시기에는 다 소중한 꽃이다.
길가는 나그네가 바라봐 주지 않더라도
그냥 나만의 꽃을 아름답게 피우자.
너도 피우고, 나도 피우면
결국 아름다운 꽃밭이 되지 않겠는가?

17 그냥 이쁘다

아침 출근길에 참 예쁜 연두색과 하늘색을 만났다.
이른 봄이라서 느티나무 잎이 모두 연한 연두색이다.
오늘따라 하늘도 짙은 색이 아니라 연한 하늘색이다.
그렇지만 보기에 따라서는 하늘색과 연두색일 수 있다.
하늘을 먼저 보면 그렇다.
어렸을 때 도화지에 집을 그릴 때 지붕부터 그렸던 것 같다.
지금도 그렇다.
그런데 목수들은 집을 그릴 때 지붕부터 그리지 않는다고 한다.
그렇게 해서는 결코 집을 지을 수 없기 때문이다.
하늘은 땅이 있기에 하늘이다.
나라는 국민이 있어야 나라다.
회사도 일하는 직원이 있어야 회사다.
나도 나의 이웃이 있어야 비로소 나다.
순서는 바꾸지 말자.
그런데 연두색과 하늘색은 하늘색과 연두색으로 바꿔도
전혀 어색하지가 않다.
그냥 좋다.
그냥 이쁘다.

18 사랑은 오래 참는 것이 으뜸이다

너희 모든 일을 사랑으로 행하라
- 고린도전서 16장 14절 -

모든 일을 사랑으로 행하라고 하는데,
과연 사랑이란 무엇일까?
성경은 사랑을 다음과 같이 정의하고 있다.

사랑은 오래 참고
사랑은 온유하며 시기하지 아니하며
사랑은 자랑하지 아니하며 교만하지 아니하며
무례히 행하지 아니하며
자기의 유익을 구하지 아니하며
성내지 아니하며 악한 것을 생각하지 아니하며
불의를 기뻐하지 아니하며
진리와 함께 기뻐하고
모든 것을 참으며 모든 것을 믿으며
모든 것을 바라며 모든 것을 견디느니라
- 고린도전서 13장 4절~7절 -

오래 참지만, 온유하지 않는 사랑은 없다.
온유하지만, 시기하는 사랑은 없다.
자랑하지 않지만, 무례히 행하는 사랑은 없다.
자기의 유익을 구하지 않지만, 성내는 사랑은 없다.
사랑은 이 모든 것을 포함하고 있다.

그러나 너희 듣는 자에게 내가 이르노니
너희 원수를 사랑하며
너희를 미워하는 자를 선대하며
너희를 저주하는 자를 위하여 축복하며
너희를 모욕하는 자를 위하여 기도하라
- 누가복음 6장 27절~28절 -

예수님은 원수마저도 사랑하라고 한다.
예수님은 하나님의 아들이니까 원수를 사랑할 수 있을지 몰라도
흠 많은 우리들이 어떻게 원수를 사랑할 수 있을까?
나이 들어 하늘나라 가게 될 무렵에 저절로 원수를 사랑하게 될까?
이는 정말 쉬운 문제가 아니다.

어느 순간 갑자기
원수를 사랑하는 마음이 들지는 않을 것이다.
사랑을 연습하자.
사랑을 저축하자.

사랑을 표현하자.
지금 사랑하자.
내일 일은 모른다.
사랑은 그렇게 연습하고, 저축하고, 표현하고, 지금 해야 한다.
그러다보면 원수마저도 사랑하게 되지 않을까?

그렇게 해도 안 되면 어쩔 수 없다.
그냥 그 사람을 사랑할 수 있을 때까지 사랑해 보자.
원래 사랑은 그렇게 하는 것이다.
그래서 사랑은 오래 참는 것이 으뜸이다.

19 꿈속에서

보고 싶은 교수님 평안하시지요?
꿈속에서 저를 위해 머리에 손을 얹어 기도해주시고,
제가 교수님께 저의 허물을 이야기하고,
교수님도 고향친구 이야기하는 모습까지
기억나는 꿈을 꾸다 방금 잠에서 깼습니다.
잠에서 깬 시간이 오늘 새벽 05:12입니다.

사랑의 원래 뜻은 '생각'이었다고 합니다.
누군가를 사랑한다는 것은 그 사람을 오래 생각한다는 것,
그래서 옛날 사람들은 생각한다는 것을
곧 사랑한다고 했습니다.
제가 교수님을 많이 사랑하는 것 같습니다.
그냥 이 땅의 참 스승을 안다는 것만으로도 행복하고,
그냥 교수님이 강건하시고 평안하시길 바라는 마음뿐입니다.
작년에 교수님과 짧은 만남을 통해 짧은 가르침만 받았으나,
페이스북을 통해 교수님의 일상적인 삶과
이 사회에 대한 애정어린 충고
그리고 더불어 사는 세상을 이루시고자 하는 모습을 통해
저도 많이 배우고 느끼고 있습니다.

또한 저도 제 자리에서 마음을 다하여 이웃을 섬기면서 살아가겠습니다.
꿈속에서 교수님이 저를 위해 한참동안 해주신 기도가
무슨 내용인지는 알 수 없으나
그렇게 살아가기를 바라는 기도였을 것입니다.

오늘 주일입니다.
오늘 예배시간에는 저도 우리 교수님을 위해 기도하겠습니다.
오늘 오후 순천향의대 내과학교실 연수강좌에서
 '내과의원의 의료분쟁 극복하기' 주제로 강의하고,
교수님이 귀한 추천사를 써주신
《변호사 김양홍의 행복한 동행》 책으로
경찰대학 등에서 더불어 사는 세상이
더불어 행복한 세상임을 강의했고,
앞으로도 전국 어디든 강의 요청이 들어오는 곳은
마다하지 않고 강의할 생각입니다.

이번 주에는 공군제10전투비행단에서
 '군대인권과 변호사 김양홍의 행복한 동행' 주제로 강의할 예정입니다.
작년에 서울대 공익인권법센터에서 인권 교육받은 것을 토대로
 '군대인권'에 대해서 많이 생각해보고,
인권을 존중하는 것이 곧 더불어 행복하게 사는 지름길임을
장병들에게 잘 전하도록 하겠습니다.

이야기가 많이 길어졌습니다.
우리 교수님의 삶에 하나님의 축복이
가득하시길 기도하겠습니다.
저도 늘 빚진 자의 마음으로 이웃을 섬기도록 하겠습니다.
사랑하고 축복합니다.

2016년 6월 19일 주일 새벽
변호사 김양홍 올림

20 나 오늘 사랑 고백받았다

오늘 남부구치소에 구금되어 있는 피고인 접견을 갔는데,
접견을 마칠 때 쯤 피고인이 나에게
"꼭 하고 싶은 말이 있어요." 라고 했다.

"저, 변호사님 좋아해요."
제1심 때부터 불구속 상태의 피고인의 변호를 맡아
마음을 다해 변호를 했는데,
아쉽게도 징역 1년 실형이 선고된 피고인이다.
그런데 이 피고인은
"변호사님 마음 불편하게 생각하지 마세요." 라고 하면서
오히려 나를 위로하고, 항소심 변호도 다시 맡겨주셨다.
그리고 오늘 나에게 "좋아한다"는 사랑(?) 고백까지 했다.
참고로 이 피고인은 여자가 아니라 남자다.

내가 수방사 검찰부장 시절 나에게 조사받았던 피고인이
실형이 선고된 이후 육군교도소에서 편지로
'형님 삼고 싶다'는 글을 받아 본 적은 있지만…

'여자는 자기를 사랑해 주는 남자를 위해 죽고,
남자는 자기를 알아주는 사람을 위해 죽는다'는 말이 있다.
1심 때도 그랬듯이 난 그 피고인을 위해 주께 하듯 할 것이다.
그 사랑의 빚을 꼭 갚고 싶다.
사랑 고백은 남자한테 받아도 참 좋은 것 같다.

ⓒ 조은선 사랑의 엽서

21 사랑이 없으면

내가 사람의 방언과 천사의 말을 할지라도
사랑이 없으면
소리 나는 구리와 울리는 꽹과리가 되고
내가 예언하는 능력이 있어
모든 비밀과 모든 지식을 알고
또 산을 옮길 만한 모든 믿음이 있을지라도
사랑이 없으면
내가 아무 것도 아니요
내가 내게 있는 모든 것으로 구제하고
또 내 몸을 불사르게 내줄지라도
사랑이 없으면
내게 아무 유익이 없느니라
- 고린도전서 13장 1~3절 -

성경말씀대로
아무리 천사의 말을 할지라도,
아무리 큰 믿음이 있을지라도,
아무리 내 모든 것으로 구제할지라도

사랑이 없으면 아무 것도 아니다.
그렇다면 과연 사랑이란 무엇일까?

성경은 고린도전서 13장 4~7절 말씀에서 (230쪽)
우리에게 사랑의 시작은 '오래 참는 것'이고 ~
사랑의 끝은 '모든 것을 견디는 것'이라고 한다.
사랑은 '기다림'이다.

그렇지만, 누구를 위한 기다림인가가 중요하다.
단지 나를 위한 기다림은
자기의 유익을 구하는 것이기에 사랑이 아니다.
결국 사랑은 '나 아닌 이웃을 위해 기다리는 것'이라 할 것이다.

그런데, 기다린다는 것이 참 어렵다.
특히 자녀교육에서는 더욱 더 어렵다.
나는 오늘도 도(道)를 닦는 마음으로
나의 딸, 아들을 기다리고 있다.
사랑하는 마음으로 …
언젠가는 득도(得道)하는 날이 오리라 믿는다.

22 행복은 전염병이다

"아빠, 내가 만약 자전거를 받으면
자전거가 없는 길동 형에게 주고 싶어요."

내가 섬기고 있는 이수성결교회
박정수 담임목사님의 막내아들 박동민 군 이야기이다.
교회 창립 40주년 행사 일환으로
제1회 이수사랑 전교인 탁구대회가 열렸고,
상급반, 중급반, 기본반으로 나뉘어 경기가 진행되었다.
나는 아쉽게도 중급반 예선 1회전에서 탈락했다.

경기종료 후 교회 성도들이 후원한 100만원 상당의
여행용가방, 휴지, 김 등 경품 추첨이 있었다.
행사 최고 경품인 자전거를 담임목사님이 추첨하였고,
우연의 일치로 그 자전거는 박동민 군에게 돌아갔다.
이어서 담임목사님이 어제 막내아들이 했던 말을 언급하였고,
박동민 군은 그 자리에서 홍길동(가명) 군에게 자전거를 전달했다.
이제 중학교 1학년 아이의 따뜻한 마음이다.

더불어 사는 세상이
더불어 행복한 세상이다.
행복은 행복한 모습을
보는 것만으로도 행복하다.
행복은 전염병이다.

네 이웃 사랑하기를 네 자신과 같이 하라
- 레위기 19장 18절 -

23 소소하고 자잘한 행복

페이스북을 통해 알게 된
참 아름다운 삶을 살아가고 계시는 두 분을 만나서
소소하고 자잘한 행복한 동행을 했다.
그 두 분은 정종철 At&P Partners 대표(공인회계사)와
김동희 (주)M&A포럼-Specialist Academy Director이다.

세 명이 처음으로 함께 한 식사인데
각자의 삶과 신앙에 대해 이야기를 하다보니
두 시간 반이 금방 지나갔다.
인생은 '나눔과 채움'이고,
서로 사랑하고, 서로 기도해 주면서 살아가야 한다는 것에
마음의 일치를 봤다.
서로 다음 일정만 없었으면 날 샐 뻔 했다.
수다의 즐거움을 충분히 만끽한 시간이었다.

나는 정종철 대표, 김동희 원장과의 만남을 뒤로 하고
곧바로 성동구치소 피고인 접견 갔다가
지금은 전라남도 해남에 있는 장례식장 가는 고속버스 안이다.
부족한 후배를 친동생처럼 잘 돌봐주신
형 (최재천 전 국회의원) 부친상이라서 …
내일 오후는 청주법원 재판이라서
해남에서 청주로 바로 가야 하지만,
형 보고픈 마음으로 먼 길 간다.
큰 이별을 한 형을 만나는 것만으로도
형에게는 위로가 될 것으로 믿는다.
사랑은 그렇게 그냥 말없이 곁에 있어 주는 것 아닐까?

만남과 헤어짐의 연속이 인생인 것 같다.
어떻게 보면 이렇게 소소하고 자잘한 행복이 진짜 행복 아닐까?

너는 네 떡을 물 위에 던져라
여러 날 후에 도로 찾으리라
- 전도서 11장 1절 -

24 시간은 흐르지만, 추억은 흐르지 않는다

사랑하는 사람과 함께 식사하면서
옛 추억을 되새겨보는 것이 행복 아닐까?
시간은 20년 넘게 흘렀지만 추억은 흐르지 않고,
늘 그 자리에 머물러 있었다.

수방사 검찰부장 시절 직속 상관인 법무참모로서
부족한 나를 사랑으로 이끌어주시고,
강원도 현리 3군단 군판사 시절
매주 서울-현리를 오가는 주말부부 할 때에는
병무비리수사팀장으로서 팀원 검찰관으로 서울로 불러주시고,
국방부 법무관리관으로 오실 김진섭 국장님에게
군사법담당으로 추천해주셔서 국방부 법무과 군사법담당과
고등군사법원 보통부장으로 근무하다
전역하게 해주신 나에게는 은인인
조동양 전 국방부 법무관리관님 (나는 수방사 시절을 떠올리며
　'참모님'이라고 호칭한다)이 주말 저녁 맛있는 식사도 사주시고,
함께 스크린골프도 하면서 행복한 시간을 보냈다.

조동양 참모님은 경북 안동 출신 경상도 분이고,
나는 전남 장흥 출신 전라도 사람임에도
거의 모든 면에서 견해가 일치한다.
우리에게 동서화합, 지역갈등이라는 단어는
딴나라 사람들 이야기일뿐이다.

수방사 법무참모부 가족들과 함께 무박으로 월출산 산행을 다녀오고,
매주 수요일 전투체육 시간에 체육관 안에서 테니스공으로 축구하고,
내가 2년간의 수방사 근무를 마치고 철원에 있는
3사단 법무참모로 전출 갈 때
이별여행으로 속초에 함께 다녀오는 등
잊지못할 아름다운 추억은
고스란히 그 자리에 머물러 있었다.

조동양 참모님은 5월 5일 어린이날 광주에서 한
나의 결혼식날에 사모님, 두 딸과 함께 온 가족이 오셔서 축하해 주셨다.

행복하게 사는 방법이 별다른 것이 있을까?
이렇게 나를 사랑해 주시는 사람과 함께
더불어 살아가는 것이 행복 아닐까?
사랑하고 존경하는 조동양 참모님의 평강을 기원하고 기원해 본다.

조동양 참모님 사랑하고 축복합니다.♡

아래 글은 조동양 참모님이 나에게 보내주신 카톡 글이다.

예전에 브래드 피트 주연의
'흐르는 강물처럼'이라는 영화를 본 적이 있다.
원제는 '어 리버 런즈 쓰루 잇'(A River Runs Through It)이다.
영화를 보고도 작가가 말하는 잇이 무언지 감이 오지를 않았다.
다만 잇(It)이 시간이 아닐까 하는 생각은 들었지만,
김대표 표현처럼 추억이 더 그럴듯해 보인다.

나는 천성적으로 게으르다.
특히 군에서 하명하는 위치에 있었을 때는
조직의 중심을 잡고 방향을 제시하며
일할 분위기를 만들면 내 밥값은 한다고 생각했다.
그러다보니 성실한 부하는 나와 궁합이 맞을 수밖에 없었다.
군보다 변호사 일에 더 관심이 많았던,
그래서 법무관 업무에 소홀하던 후배들 중에서
성실한 김대표는 단연 돋보이는 존재였다.
정성이 들어간 보고서는 상관을 감동시키는 법이다.

내가 수사팀을 꾸리며 선발한 사람들은 순전히 내 필요에 의한 것이었다.
김대표가 고마워 하는 것은 그야말로 법에서 말하는 반사적 이익이다.
법무관리관실 군사법담당은 바쁜 법무관의 대명사일 정도로 일이 많다.
기억은 안 나지만 내가 그를 추천했다면,

그것은 법무 조직을 위해서였을 것이다.
또 김대표 결혼식은 가족여행 삼아 간 것이었고,
교회식당에서 먹은 홍어 맛은 환상적이었다.
홍어 한 접시를 더 먹은 만큼 기름 값으로도 충분했다.
인간 김양홍은 바른 사람이다. 그리고 정직하다.
불의에 대항하는 용기도 있다.
하지만 지금은 로펌의 대표로 사업적 수완도 갖추어야 할 것이다.
그 점은 내가 잘 모르지만,
유례없는 불황기에도 개업멤버들과 오손도손 꾸려가는 것을 보면
나름 능력도 있어 보인다.

아무튼 김대표, 아니 김양홍의 건승과 행운을 늘 기원한다.

25 최고의 사업은 자식사업이다
(백골부대모임)

오늘 저녁 내가 군법무관 시절(육군대위)
1997년 3월부터 약 2년간 사단장으로 모셨던 백골부대(제3사단)
박흥근 사단장님과 당시 부사단장, 연대장, 관리참모, 기무부대장,
공병대대장, 군악대장, 연대과장, 사단 주임원사 등이 모여
전우애를 나눴다.
매 분기마다 백골부대모임을 하는데 꾸준히 10명 이상 참석한다.

존경하는 박흥근 사단장님의 일성은 '원칙에 강하라!' 였다.
당시 나도 법무참모로서 법무참모부 짚차를 낚시갈 때도
사용한 것을 제외하고는 모든 일을 원칙대로 처리했다.
당시 총각시절이고 장가 안가겠다고 마음먹은 때라
여자친구도 없어서 유일한 즐거움이 낚시였는데,
개인 승용차가 없어서 법무참모부 짚차를 낚시가는데도 사용했다.
반성하고 반성한다.

그런데 박흥근 사단장님은 새벽기도 가실 때도
손수 개인승용차를 운전하고 가셨다.
공과 사를 명확히 구분하신 훌륭한 분이셨다.

백골부대모임을 할 때마다 타임머신을 타고
19년전 백골부대 근무할 때
지휘부 회식시간으로 돌아가서 너무 좋다.
당시 사단장님은
"예하부대는 좋은 것 먹게 하고, 우리는 삼겹살 먹자."고
하시면서, 늘 지휘부 회식 메뉴는 삼겹살이었다.
단 한 번도 소고기가 나온 적이 없다.
오늘 저녁메뉴도 삼겹살이어서 더 정겨웠다.
고기는 역시 삼겹살이 최고다.

박흥근 사단장님이 오늘 나에게 하신 말씀을 가슴에 새긴다.
  '최고의 사업은 자식사업이다.'

26 내 마음은 늘 싱글이다

나는 한 가지 운동 외에는 운동을 싫어한다.
정확한 표현은 나는 운동을 못한다.
유일하게 좋아하는 그 한 가지 운동이 골프이다.
물론 잘 하지는 못한다.
100돌이(100타 이상 치는 사람)다.
지난 2016년 자우법조회(군법무관 출신 법조인) 골프대회에서
107타로 뒤에서 1등했다.
68명 중 68등 했다.

나는 골프를 고등군사법원 보통부장으로 근무할 때인
2001년경 부하 직원으로부터 배웠다.
사부님이 자세를 가르쳐 주었지만,
그냥 내가 하기 편한 자세로 스윙을 했다.
세상살이도 내 마음대로 못하는데,
골프라도 내 마음대로 하자는 생각으로 막 스윙을 하다 보니
티샷(teeshot) 자세부터 엉망이다.

앞으로 공이 날아가는 것이 신기할 정도이다.
그래서 100돌이다.

그렇지만 나랑 골프를 한 동반자는
꼭 나랑 다시 골프하고 싶어한다는 것을 확신한다.
나는 골프하는 내내 동반자를 행복하게 해주기 때문이다.
착각은 자유니까…
암튼, 나는 동반자를 위하여 마음을 다하여 이야기하고,
마음을 다하여 들어주려고 노력한다.

또한 나도 함께 한 동반자들 때문에 운동할 때마다 행복을 느낀다.
행복은 공기로 전파되는 바이러스이기 때문에
골프하는 동안 행복에 감염되어
나도, 동반자도 행복할 수 밖에 없다.

골프는 참 신기한 운동이다.
순간 자만하면 엉망이 되고,
순간 욕심을 가져도 엉망이 되고,
순간 딴 생각을 해도 엉망이 된다.
집중하고 또 집중해야 한다.

언더파(72타 이하)를 치는 골프고수랑 운동한 적이 있는데,
그 분이 나에게 신의 한 수를 가르쳐 줬다.
"김변호사, 정성껏 안치는 것 같아~"
그 뒤로 나는 한 샷 한 샷 정성껏 치려고 노력한다.
조만간 싱글 골퍼(single golfer, 73~81타)가 되지 않을까?
물론 골프할 때 마다 내 마음은 늘 싱글이다.

그런데 오늘 한가지 더 느낀 것이 있다.
사랑하는 사람과 골프를 하면
함께 하는 것만으로 행복하다는 것을…
내가 동반자를 행복하게 해주는 것이 아니라
나도 동반자를, 동반자도 나를
사랑하는 마음이 있어서 행복한 것이었다.
결국 사랑이다.

27 골프와 인생살이의 공통점

골프와 인생살이에는 공통점이 있다.
그것은 내 마음대로 안된다는 것이다.
결코 18홀 내내 잘 칠 수가 없다.
올해 LPGA 투어 에비앙 챔피언십에서 우승한
전인지 프로도 샷이 OB지역으로 들어가
다시 샷을 하는 경우가 있었다.
골프도 인생도 어려움을 만났을 때
어떻게 풀어갈 지를 고민해야 하고,
또한 어떻게든 해결해야 한다.
어느 날 골프를 참 잘 치시는 분이
나에게 해주신 말씀을 늘 기억하고 있다.
"김변호사, 공을 정성껏 안치는 것 같아."

맞다.
골프는 정성껏 해야 하고,
인생도 정성껏 살아야 한다.

만약 골프나 인생살이가
내 마음대로만 된다면 재미없을 것이다.

또한 골프에도 동반자와 캐디가 있듯이
인생살이도 동반자와 도움을 주는 캐디가 있다.
어느 동반자를 만나느냐에 따라
인생 18홀의 행복이 정해진다.
내가 아무리 골프를 못해도
동반자가 이해해 주고, 격려해 주면
재미있는 것이 골프인 것처럼
인생살이에도 그런 동반자만 있으면
행복하게 살 수 있다.

지금 내 곁에 있는 사람에게 지극히 잘 해주자.
내 동반자가 잘 되는 것이 곧 내가 잘 되는 첩경이다.
이번 홀에서 망쳤더라도 다음 홀에서 잘 치면 된다.
그리고 조금 못치면 어떤가?
그냥 재미있게 살자.

소중한 순간이 오면
묻지도 따지지도 말고 누리십시오.
미지의 앞 날에 행운만 있으리란 법이 없고,
우리에게 무한한 내일이 있으리란 보장도 없으니까요.
- 영화 '창문 넘어 도망친 100세 노인' 명대사 -

28 마누라들은 너희들이 만들었다

한 남자가 하나님에게 여쭈었다.
"처녀들은 귀엽고 매력적인데,
왜 마누라들은 늘 악마같이 화만 내고,
잔소리가 그리도 많나요?"
하나님이 하시는 말씀,
"처녀들은 내가 만들었지만,
마누라들은 너희들이 만들었지 않느냐!!"

 모든 것이 다 내 탓이다.
행복과 불행도 내가 만들고, 내가 허문다.
오늘 하루 겁나게 행복하게 살자. 내일은
내일 행복하면 된다.

좋은 남편은 귀머거리처럼 살아야 하고,
좋은 아내는 장님처럼 살아야 한다.
- 서양 격언 -

29 우리의 미래는 우리가 결정해야 한다

오늘 아침 신문에서 미국 정부 당국자들이
 '대북 선제타격을 배제하지 않는다'고 공언한 기사를 봤다.
물론 북한을 압박하기 위한 발언이라면 공감한다.
그런데, 만약 실제 그렇게 이행할 의사라면 이는 심각한 문제이다.
미국은 이라크전쟁처럼 북한을 선제타격 할 개연성도 있다.
물론 북핵 시설을 정밀하게 타격하고
김정은 정권을 무너뜨린다면 다행이겠지만,
그렇게 될 가능성 보다는 한반도에 전쟁이 발발할 가능성이 더 높다.

한반도에서의 전쟁은
주변 강대국들에게 부흥의 기회일지 몰라도
우리 민족에게는 공멸만이 기다리고 있을 뿐이다.
더군다나 우리 미래를 미국이 왈가왈부 하는
지금 이 상황이 너무 마음 아프다.
우리의 미래는 우리가 결정해야 한다.

우리 정부에서 김정은 정권을 무너뜨리는
적극적인 정책을 펴는 것은 대찬성이나
(이 정책만큼은 들어내지 않고 했으면 좋겠다)
이 땅에 전쟁의 먹구름은 속히 사라질 수 있도록 노력해야 할 것이다.
어떠한 경우도 이 땅에서 다시는 전쟁이 발발해서는 안된다.
정치권에서도 안보를 정권 획득이나 유지 수단으로는
활용하지 않을 것으로 믿는다.
당신들도 우리 조국 대한민국 국민들일테니까…

오늘 아침 신문을 보고 있는 중학교 3학년 아들에게 물었다.
 "미국이 북한 핵시설을 선제공격한다고 하는 것에 대해
어떻게 생각하니?"
 "안되죠. 그것은 평화를 깨는 거잖아요!"

30 1박 2일

TV 프로그램 '1박 2일'이 아닌
'반포중 부자유친 아버지회' 1박 2일 캠프 이야기다.
이 모임은 명칭 그대로
반포중 다니는 아들을 둔 아버지들 모임이다.
아들들과 아버지들이 함께 하는 캠프다.
3년째 1박 2일 여름캠프가 지속되고 있다.
올해도 태백산 겨울산행, 관악산 산행봉사,
지리산 야간산행, 자전거 라이딩, 구기대회 등
매월 아들들과 아버지들이 함께 하는 행사를 하고 있다.
작년에는 3박 5일 라오스여행도 다녀왔다.

올해 1박 2일 캠프는 1일차에 수상레포츠를 하려고 계획했는데,
새벽까지 장맛비가 오는 바람에
홍천 오션월드에서 물놀이하는 것으로 바꿨다.
나는 아들과 함께 가는 캠프라서 설렜는지
2~30분 단위로 자다 깨다를 반복하는 바람에 잠을 설쳤다.

아버지들의 간절한 기도 덕분인지 장마철임에도
하나님으로부터 최고의 날씨를 협찬 받았다.

나는 아들과 함께 튜브 타고 물길 따라 가기,
파도풀에서 파도 타기를 함께 했고,
나머지는 따로국밥으로 각자 시간을 보냈다.
아들들은 아들끼리 즐거운 물놀이를 했고,
아버지들은 한 쪽에 옹기종기 앉아
이바구하는 즐거움으로 시간을 보냈다.

숙소인 연인산 리조트에서
맛있는 바베큐로 허기진 배를 채우고,
아버지와 아들(아버지 40명, 아들 44명)
소개하는 시간을 가졌다.
저녁식사 후에는 아들들은
조별로 윷놀이 대항전을 했고,
아버지들은 학년별로
소양강처녀, 남행열차 등을 합창하고,
재미있는 이바구를 하면서 시간을 보냈다.
특히 4학년 아버지 두 분이 함께 해줘서 좋았다.

자고로 서로 가까워지는 첩경은 같이 자는 것이다.
자연스럽게 나이가 많으면 형,
나이가 적으면 동생 하기로 했다.
귓속이 뻥 뚫리는 듯한 시원한 계곡 물소리

그리고 별빛 한 점 없는 까만 밤하늘은
아름답다 못해 정겨웠다.
검정색이 그렇게 아름다울 수 있다는 것이 신기했다.

정말 부자유친(父子有親) 해야한다.
부모와 자식 사이에 친애(親愛)함이
잘 유지되면 지금의 청소년 문제들은
대부분이 해결되지 않을까?
가정이 바로 서야, 나라가 바로 선다.
부자유친 아버지회 모임이
전국 곳곳에 세워지길 기대한다.

부자유친 아버지들은 어떻게 하면
공부 잘 시킬까에 대해 결코 이야기하지 않는다.
어떻게 하면 아들과 즐겁게 놀까를 이야기하고,
국영수 잘 하는 것 보다
어떻게 하면 더불어 살 것인가에 대해 이야기한다.
올해도 2학기 기말고사 끝나는 다음날
3박 5일 해외로 여행갈 예정이다.

우리 아들들도 우리 아버지들처럼
더불어 사는 것이 더불어 행복하다는 것을
실천할 것으로 믿는다.
기대된다.
우리 아들들이 만들 미래가···

31 백령도 안보탐방기

대한변협 주관 백령도 안보탐방에
대한변협 이사 자격으로 동행했다.
인천항에서 백령도까지 228km, 약 4시간 걸린다.
백령도에서 중국 산동항까지 약 3시간 밖에 안걸리고,
북한군 공기부상정으로 15분이면 도달할 정도로
북한과 매우 근접해 있다.
가는 도중에 소청도, 대청도를 들른다.
백령도 섬은 얼마나 클까?
오산시 면적보다 더 넓다고 한다.
백령도는 제주도와 울릉도와 같은 화산섬이 아니라
땅이 솟아난 섬이라서 최고 높은 산이 184m 밖에 안되고,
대체로 산이 야트막하다.
백령도 날씨는 1월 평균 영하 4.5도, 8월 평균 25도로
해양성기후이지만, 4~5월 상당히 쌀쌀하기 때문에
꼭 긴팔을 챙겨서 가야 한다.
공기가 참 맑고 맑다.

예상밖으로 백령도 주민들 주업은 어업이 아니다.
농업이 70%, 어업이 15%에 종사한다.
백령도에서 한해 농사를 지으면
백령도 민관군 10,000여 명이 3년 동안 먹고 남을 정도라고 한다.
주로 밭농사를 짓다가 농지가 개간된
1971년도부터 논농사를 지었다고 한다.
46만평이나 되는 담수호도 있다.
또한 화력발전소도 있고, 염전도 있다.
그런데 이곳 주민들은 소금 대신 이곳에서 생산되는
까나리액젓으로 맛을 낸다고 한다.
인천-백령도 왕복 배삯은 131,000원인데,
백령도 주민들은 14,000원이다.
인천시는 770억원을 투입해서 소형공항을
2028년에 완공할 계획이라고 한다.

점심식사는 1988년부터 냉면집을 하고 있다는
사곶냉면집에서 메밀냉면을 먹었는데, 면이 참 맛있었다.
냉면사리 추가는 무료다. 그래서 냉면사리를 2개나 더 먹었다.
냉면을 먹고 나온 길에 일반 주택 앞에 국경일도 아닌데
태극기가 걸려있는 것을 봤다.
나라사랑의 마음이 느껴져 가슴이 울컥했다.

점심식사 후 첫 방문지는 천안함 46 용사 위령탑이었다.
천암함이 북한군 어뢰에 폭침당했는지좌초 되었는지 논란이 많다.

특히 천안함이 좌초되었다고 왜곡하고 있는
영화 '천안함 프로젝트' 상영금지 가처분 사건에서
나는 천안함 46 용사 유가족과 해군 장병측을 대리한
신청인측 변호사로서 절로 고개가 숙여졌다.
동행한 변호사님들과 함께 헌화하고 묵념했다.
천안함이 두동강났는데, 강판으로 된 배 하부가
엿가락처럼 휘어져 있다.
좌초되었다면 결코 그렇게 될 수 없다.

두번째 방문지는 천안함 46용사 시신을 거둔 용트림바위를 갔다.
그날의 슬픈 흔적도 없고, 산란기 갈매기떼만 하늘을 왔다갔다 했다.
다시는 이런 비극이 생기지 않도록 하자.

그 다음 간 곳은 1898년에 설립된 중화동교회이다.
설립된지 118주년이 된 중화동교회는
남북한 통틀어 세번째로 오래된 교회란다. 놀라지 마라.
백령도에는 18개 마을, 3,150가구, 5,700여명이 있는데,
교회는 15개나 되고, 기독교인 비율이 무려 90%라고 한다.
성당과 절도 각각 두곳이 있다.
그리고 무궁화나무 수령은 보통 40~50년인데,
중화동교회 입구에 있는 무궁화나무는 높이가 6.3m로
우리나라에서 제일 크고, 수령이 100년안팎이란다.
천연기념물 521호로 지정된 나무다.

중화동교회가 있는 작은 마을에서 백령도 특산품인
백색고구마를 생산하는데, 맛이 일품이란다.
이 곳에 사는 분들은고구마를 고구마라고 부르지 않고,
지과(地果) 즉, 땅의 과일이라고 부른다.

그 다음에 간 곳은 천연비행장인 사곶해수욕장이었다.
천연기념물 391호로 지정되어 있다.
길이가 무려 3.6km, 폭 300m이다.
부산 해운대해수욕장 두배 길이다.
이 곳은 버스가 달려도 바퀴가 빠지지 않는 규조토로 구성되어 있다.
세계에서 모래사장을 천연비행장으로 사용하는 곳은
이 곳과 이탈리아 나폴리해안밖에 없다.
6.25전쟁 때 실제 비행장으로 사용되었다.
특히 여름에는 야간에도 해수욕장을 개장하는데,
현장에서 꽃게를 잡아 끓여먹는 맛이 일품이고,
밤하늘 별빛이 끝내준다고 한다.
백령도 주민들은 이 곳을 자동차운전연습장으로 많이 활용한다고 한다.

그 다음 간 곳은 끝섬전망대이다.
끝섬전망대에서는 새 모양으로 된 종이에 수 많은 사람들이
남북한 통일에 대한 글을 남겼다.
나도 이렇게 남겼다.
 "평화통일 이루어 남북한이 더불어 행복하게 해주소."

끝섬전망대 여행 중 오후 4시 정각에
우리 군인들이 훈련하면서 쏘는 포 소리가 들렸다.
만약 백령도 주민이 아닌 사람이 백령도 여행 중
북한군 포격으로 사망할 경우 어떻게 될까?
현행법상 개죽음으로 간주되어
아무런 법적 혜택이 없을 것으로 판단된다.
그러므로 백령도 여행할 때는 여행자보험을 들어야하지 않을까?
그렇지만 북한군의 포격이 전시에 준한 상황에서
이루어진 것이라면 보험혜택도 받을 수 없을 것이다.
다만, 백령도 주민들은 서해 5도 지원특별법상
각종 지원 혜택은 있을 수 있다.
그리고 통상 서해 5도는 옹진군에 속한
백령도, 대청도, 소청도, 연평도와 강화군에 속한 우도를 말하는데,
위 특별법상 서해 5도는 우도 대신
 '소연평도와 인근 해역' 으로 되어 있다.

마지막으로 효녀 심청이 몸을 던졌다고 하는
인당수가 보이는 심청각에 들렸다.
나는 과연 아버지를 위해 몸을 바칠 수 있을까?

저녁에는 대한변협 변호사들답게
우리나라 남북한 통일문제 등에 대해 심도있게 이야기를 나눴다.
이른 새벽에 일어나 이 여행기를 쓰는데,

갈매기떼 소리가 참 정겹다.
지척에 장산곶이 보인다. 다리를 놓아도 될 거리다.
장산곶이 바로 눈 앞에 보이지만 약 16km 떨어졌단다.

맛있는 아침식사 후 서해의 해금강이라는 두무진을 갔다.
두무진포구에서 어르신 세 분이 까나리를 선별하고 계셨는데,
큰 것부터 작은 것까지 크기가 다양했다.

통일기원비 – 선대암 – 코끼리바위를 둘러보는
해상관람코스를 보지않고는 백령도를 구경했다고 할 수 없다.
역광이라서 그 비경을 사진으로다 담지 못해 대부분 눈으로 담았다.
태어나서 눈이 가장 호강한 날이었다.

끝으로 남포리 '콩돌해안'에 들렀다.
크고 작은 콩알 모양의 콩돌이라는 작은 자갈이 모래를 대신하여
길이 약 800m, 폭 약 30m의 해변을
흰색, 회색, 갈색, 적갈색, 청회색 등 형형색색으로 덮어
경관이 참 아름다운 해안이다.
천연기념물 392호로 지정되어 있다.
자갈해안에 앉아 있으니 마음까지 평안해진다.
자갈 하나 들고 오고 싶었지만 아끼는 마음으로 꾹 참았다.
그런데 그렇게 하기 쉽지 않다.
자갈이 새색시처럼 이뻐서 …

백령도행 배에서 내릴 때
우리 군인들은 맨 나중에 내리는 것을 봤다.
작은 마음이지만, 참 고마운 마음이다.
늘 북한의 공격 위험에 노출되어 있는 흑룡부대 군인들이다.
그런데 이 흑룡부대 병사들은 그 사지(死地)를 스스로 지원한
멋진 대한민국 아들들이다.
빨간명찰이 멋져 보였다.
그대들이 있기에 대한민국의 백령도는 영원하리라.
필승!!

32 광명동굴

나는 군법무관으로 10년 복무하고,
2003년 변호사 개업을 하고,
2006년 공증인가 법무법인 서호를 설립했다.
2003년 변호사 개업할 때부터 지금까지
내 곁에서 함께 일을 하고 있는 이은아 과장, 한성모 실장은
13년 넘게 나를 도와주고 있고,
임희정 공증팀장은 법무법인 서호 설립 때부터 나를 도와주고 있다.
그래서 나를 직접 도와주고 있는 김정현 변호사, 이재철 사무국장 등
직원 5명과 함께 임희정 공증팀장의 10년 근속을 축하하기 위해
기차여행 등을 계획했다가 어제 장마빗가 많이 내린다고 해서
광명동굴을 갔다.

1912년 광산을 시작해서 1972년 폐광한 광명동굴은
금,은,동,아연을 캤다고 한다.
폐광된 광명동굴을 2011년 광명시에서 매입하여 개발했고,
2012년 전면 개방하였다가 2015년 4월 4일 유료화 개장하여
이미 관람객 100만명을 돌파하였다.

일자리 200개를 창출하고, 2015년 10월
창조오디션에서 대상을 받아 상금 100억을 수상했다고 한다.
올해는 프랑스 라스코 동굴벽화 국제순회 광명동굴전을 개최하여
글로벌 관광명소로 비상하고 있다.

우리 일행은 승용차로 광명동굴로 갔는데,
주차장이 1,2,3 주차장이 있지만,
장맛비가 보슬보슬 내리는 날임에도 불구하고 주차장이 꽉 찼다.
철산역과 광명역에서 출발하는 광명동굴행 버스도 있다고 한다.
동굴탐방만 있는 것이 아니라 광물채광, 황금채취 등
체험놀이터가 있고, 동굴 입구 좌측에는 평화의 소녀상이 있다.

동굴에 들어서자마자 냉장고문을 열었을 때 나오는 냉기가 느껴졌다.
동굴 전체가 시원한 가을날씨다.
동굴 입구 바람길을 따라 가는데,
가는 입구에 참 이쁜 LED 장미가 반겨준다.
동굴 안에는 볼거리들이 참 많다.
동굴 안에 채소도 잘 자라고 있고, 동굴 안 큰 광장도 있고,
조금 작지만 아쿠아월드가 있어 물고기들도 볼 수 있다.
장뇌삼 수경재배하는 모습도 보고,
황금패도 팔고(1개 5,000원),황금폭포도 있다.

와인동굴에서는 손톱만큼의 와인 시음도 하고,
전국에서 생산된 와인도 판다.

판타지관에는 전체 길이 41m, 무게가 800kg인용 조형물이 있는데,
진짜 용 같다. 동굴 내 귀신의 집도 있다.

동굴 밖에는 노천 카페와 기념품 판매소도 있다.
동굴 위쪽에는 전망대도 있다.
광명동굴 갱도 길이는 총 7.8km이고,
전부 둘러보는 시간은 약 1시간 정도 걸리는 것 같다.
동굴 내 평균 기온은 13도라고 한다.
입장료는 4,000원이고, 라스코 동굴벽화를 함께 볼 때는 12,000원이다.

광명동굴은 창조경제 모델인 것 같다.
특히 200개 일자리를 창출하면서 광명시민을 우선적으로
고용하였다고 한다. 좋은 일자리가 최고의 복지다.
전국의 지방자치단체들도 비싼 청사만 지으려고 하지 말고,
광명동굴 같은 노다지를 캤으면 좋겠다.
광명동굴을 개발한 관계 공무원들에게
힘찬 감사의 박수를 보낸다.

평일 한가한 날
또 가보고 싶다.

33 송도 트리 #1
(송도센트럴파크)

인천 1호선 전철을 타고 센트럴파크역에서 내리면
송도센트럴파크를 갈 수 있다.
공원 주차장에 지하 3층, 지상 2층
2,715대의 차량이 주차할 수 있어
승용차를 갖고 가도 문제 없다.

오늘 아침 잠시 둘러봤지만, 꼭 외국에 온 기분이었다.
참 아름다운 대한민국 최초의 해수공원이다.
공원 내에 바닷물을 실시간 정화해서
1급수 상태를 해수를 끌어들이기 때문에
숭어와 우럭, 꽃게, 망둥어 등
다양한 물고기들이 살고 있다고 한다.

보트, 카누, 카약 등 수상레저를 할 수 있고,
수상택시도 해수로를 왕복 3km 오간다.
산책정원 인근에 꽃사슴농장도 있다.
백만불짜리 야경이 참 멋있다고들 하는데,

나는 일정 때문에 야경은 구경하지 못했다.
공원 총 길이가 3.2km이라서 산책거리로는 딱이다.
다만, 공원이 조성된지 얼마 되지 않아
나무들이 그늘까지는 만들어주지 못했다.

나무 뒤에 큰 캔버스를 설치해서 무심코 스쳐 지나가는 자연을
재조명한다는 이명호 작가의 첫 영구설치 작품
송도 트리 #1 앞에서 사진을 찍었다.
먼 훗날 내가 할아버지가 되었을 때 같은 곳에서 사진을 찍더라도
캠퍼스 안의 사진은 다를 것이다.
그 때 캔버스 사진에는 나뭇잎은 안나오고,
나무 몸통만 나오게 될 것이고, 나의 얼굴도 바뀌어 있을 것이다.
나무가 성장함에 따라 캔버스를 확장하는
장기프로젝트 '자라나는 조각'으로 진행될 예정이라고 한다.
기대된다. 김양홍 할아버지의 모습이…

젊을 때는 산을 바라보고
나이가 들면 사막을 바라보라.
과거의 어깨를 툭툭 치면서
웃으며 걸어가라.
인생은 언제 어느 순간에도
다시 시작할 수 있다.
- 정호승 -

34 곤지암 화담(和談) 숲

2016년 개천절 아내와 함께 곤지암 화담숲을 다녀왔다.
서울에서 승용차로 약 1시간 정도 걸린다.
곤지암 화담숲은 곤지암 리조트 안에 있는
약 41만평의 수목원이다.
현재 자작나무숲, 소나무정원, 약속의 다리 등
총 17개의 다양한 테마정원과 약 4,300종을 식물을 전시하고 있다.
원앙새와 고슴도치 가족도 만날 수 있다.
화담숲은 LG그룹 3대 구본무 회장 아호를 따서 이름 붙여졌다고 한다.
화합할 화(和), 말씀 담(談)이라는
단어가 말해주듯이 이야기가 있는 숲이다.
오늘은 개천절 연휴라서 그런지 관람객들이 참 많았다.
우리는 숲속산책길 1,2코스를 돌아서
소나무정원 등이 있는 테마원 쪽으로 나왔는데,
도보로 약 2시간 30분 정도 걸린 것 같다.
유모차가 다닐 수 있는 숲속산책길1코스와 달리
유모차가 다닐 수 없는 숲속산책길2코스는 다소 한산해서 좋았다.
숲속산책길1코스입구에서 숲속산책길2코스까지

모노레일을 타고 이동할 수도 있다.
대부분 길이 합성목재 데크로 되어 있어 걷기에도 편하다.
유모차, 노약자도 걸을 수 있는 코스도 있고, 힐링코스, 등산코스도 있다.
곳곳에 구절초 등 많은 들꽃이 있고,
인공폭포에 뜬 무지개도 볼 수 있다.
관람요금 9,000원이 전혀 아깝지 않았다.
화담숲 입구에는 주막과 카페는 있으나,
화담숲 안에는 매점이 없다.
그렇기 때문에 식사를 미리 하고 들어가거나
먹거리를 준비해 가야 한다.
우리는 곤지암 리조트 안에 있는
카페테리아에서 뷔페식 곤드레 건강밥상을 먹었는데,
참 맛있었다.
식당가는 길목에서 나태주 시인의
　'좋다' 라는 시를 만났다.

좋아요
좋다고 하니까 나도 좋다

35 내 인생의 4일
(일본 홋카이도 여행)

1. 첫째날 : 인생은 소풍이다

'내 인생의 4일' 꼭 영화제목 같다. 그 4일 중 1일차임에도 불구하고, 내 인생의 1년처럼 값진 하루를 보냈다. 오랜만에 온전히 나를 위한 하루였다. 세계미래포럼 감성경영2기 원우님들과 함께 2016년 11월 3일부터 6일까지 3박 4일 일본 홋카이도(북해도) 여행에 아내와 함께 했다.

인천국제공항에서 08:20 출발해서 치토세 국제공항에 11:00 도착했는데, 공항에는 진눈깨비가 내리더니 차츰 함박눈으로 변했다. 첫 눈을 외국에서 맞이한 것은 내 인생의 처음이다. 이곳은 4월까지 눈이 내린다고 한다. 온라인투어 여행사를 통한 단체여행을 하고 있는데, 입담이 장난이 아닌 최고의 여행가이드(황운정, 일본에서 '황상' 으로 불린다고 한다)를 만난 것 같다.

황상은 홋카이도를 '힐링하는 곳' 이라고 설명했는데, 정말 딱 맞는 말이다. 맛있는 가리비 냄비밥과 우동으로 점심식사를 하고 처음으로

간 곳이 시코츠호수이다. 깊이가 무려 343m인 시코츠호수는 약 4.4만 년 전 화산 폭발로 인해 형성된 칼데라호수이다. '칼데라'는 스페인 말로 '냄비'라는 뜻인데, 활화산이 함몰되면서 만들어진 곳이다. 시코츠호수는 내가 지금까지 본 가장 아름다운 호수였다. 호수에 도착하자 햇살까지 비췄다. 호수 주변의 단풍과 멀리 보이는 설산은 말 그대로 장관이었다. 물은 그냥 떠 먹어도 될 정도로 깨끗했다. 부러웠다. 그냥 부러운 것이 아니라 정말 부러웠다. 내 눈이 호강했다.

일본은 관광명소를 개발할 때 자연환경을 훼손하지 않는다고 한다. 일본은 충분히 터널을 뚫을 수 있는 기술과 능력이 있으면서도 20분이면 갈 수 있는 거리를 터널을 뚫지 않아 40분이 더 걸렸다.

홋카이도는 화려함과 먼 자연미인이다. 구불구불한 길가에서 만난 오색단풍은 설악산단풍 만큼 예뻤다. 일본은 운전석이 좌측이 아니고 우측이고, 도로통행도 우리나라와 정반대이다.

시코츠호수를 더 보지 못한 아쉬움을 뒤로 하고, 일본 3대 온천이 있는 노보리베츠로 이동했다. 황색 벌거숭이 산 곳곳에서 솟아 오르는 수증기와 뜨거운 열기가 마치 지옥을 연상시키는 지옥계곡이라는 곳을 갔는데, 지옥이 꼭 천국 같았다. 지옥이 이곳처럼 좋은 곳이라면 천국이 안부러웠다. 15분마다 바위 틈 속에서 솟아나는 용천수가 신기했다. 감탄밖에 안나왔다.

숙박장소인 노보리베츠 만세각에 도착해서 일본 전통옷인 '유카타' 옷으로 환복하고 24시간 무료 온천욕을 했다. 크리스마스에 부르는 성탄축하곡인 캐롤이 계속 흘러 나온다. 기독교국가도 아닌데 눈이 내렸다고 틀어주는 것 같다. "흰 눈 사이로 썰매를 타고 ~" 회색의 유황온천은 오리지날 온천수라서 그런지 참 좋았다. 온천탕에서 재미있는 점을 발견했다. 남탕 안에 여자직원(60대로 보였다)이 자연스럽게 왔다갔다 했고, 일본 남자들은 반드시 거시기(?)를 가린 상태에서 물바가지 물로 몸에 뿌린 다음 탕에 들어갔다. 젊은 사람도 늙은 사람도 모두 예배의식처럼 똑같이 행동했다. 그리고 일본남자들 모두 군인들처럼 모두 머리가 짧고, 욕탕에 때 밀어주는 분이 없다. 온천욕을 마치고, 호텔 뷔페식으로 배 부르게 먹었다. 황상 가이드는 "귀국할 때 4kg 찌우겠다는 목표를 달성하겠다"는 공언이 헛말이 아닌 것 같다. 그렇게 밥을 먹는 사이 호텔직원이 다다미(돗자리처럼 생긴 일본 전통식 바닥재)방에 이불자리를 준비해 줬다. 내가 머무는 호텔은 특급호텔이지만 한국 모텔보다 작은 방이다. 그런데 작은 방이라는 생각보다는 참 실용적으로 잘 만들어놨다는 생각이 들었다. 인생은 소풍이다. 하루 하루를 소풍가는 마음으로 살자. 내일도 소풍가는 날이다.

2. 둘째날 : 인생은 여행이다

나도 나이를 먹었나 보다. 이번주 월요일부터 시작된 교회 특별새벽기도(05:00~06:00)를 3일 참석하고, 바쁜 일정 때문에 3일 연속해서 3~4시간 가량 밖에 자지 않았고, 어제도 새벽4시30분에 일어나 시작된 여행이었음도 아침 일찍 깼다.

눈을 뜨자 마자 아내가 한 마디 한다. "와~ 예쁘다." 창밖으로 보이는 단풍이 벽에 걸어놓은 그림 같다. 자연 그대로의 모습을 유지하게 하는 것이 최고의 개발이 아닐까? 창밖으로 작은 눈발이 날린다.

아침에 일어나자마자 말씀(마태복음 18장 1~11절) 묵상을 했다.

"누구든지 어린아이와 같이 자기를 낮추는 자라야 천국 시민의 자격이 있다."는 말씀과 "믿는 자를 실족하게 하면 연자 맷돌이 그 목에 달려서 깊은 바다에 빠뜨려지는 것이 낫다고 하신다."는 무서운 경고의 말씀을 주셨다.

오늘 아침은 일본전통옷 '유카타'를 벗어버리고 한국에서 가져온 개량한복을 입고, 아침 온천욕을 한 후 아침식사를 했다.

아침 10시 호텔을 출발하여 에도시대 마을을 재현한 '또 하나의 에도' 노보리베츠 다테 지다이무라를 방문했다. 일본의 향기가 느껴졌다. 먼저 일본전통문화극장에서 하는 연극 '오이란'을 봤다. '오이란'은 미모도 뛰어나고, 기예도 뛰어난 에도시대 요시와라 유곽의 최고 유녀를 말한다.

'오이란' 중의 한 사람인 '다카오 타유' 연희에 '무네하루'라는 나리가 '타유'를 만나러 오고, 그 '무네하루'는 '타유'가 연모하는 '마사미네'의 러브레터를 전한다는 내용의 재미있는 연극이다.

특히, 이 연극에서 안내인 역할을 맡은 '잇파치'가 고객 중 '무네하루' 역할을 할 사람을 뽑기 위해 손들라고 하여 나를 포함해 9~10명이

손 들었으나, 나는 1차 가위바위보에서 떨어졌다. '무네하루'로 선발된 한국인 관광객이 '타유'로부터 담배와 술을 대접받으면서 능청스럽게 참 연기를 잘했다. 일본어를 전혀 몰라도 몸짓만으로도 이해가 되었다. 실제 일본 전통 춤도 처음으로 봤다.

이어서 닌자 가스미 저택에서 한 은퇴한 닌자 암살을 시도한 닌자들을 무찌른다는 닌자이야기는 '오이란'에 비해 재미가 많이 떨어졌다. 그렇지만 닌자연극을 한 저택의 나무는 한결같이 균열이 없고, 벽에 금이 하나도 나 있지 않았다. 심지어 에도시대에도 소방소가 있었는지, 소방에 필요한 것들이 길가에 있었다. 일본인으로부터 배울 것은 배우자.

연극이 끝난 후 관광객들이 하얀 종이에 동전을 싸서 무대 위로 던지는 방법으로 배우들에게 팁을 전했다.

두 연극을 보고 난 후 노보리베츠 다테 지다이무라 입구에 있는 식당에서 야채와 버무러진 지역닭(황상 가이드는 '토종닭'을 자꾸 '지역닭'이라고 했다.) 찜요리를 맛있게 먹었다.

두번째 방문한 곳은 도너츠처럼 생긴 도야 호수를 한 눈에 볼 수 있는 사이로전망대로 갔다. 사이로전망대에서는 바람이 너무 불어 잠깐 사진만 찍고 올라왔다. 전망대에서 파는 요구르트가 참 맛있었다. 그래서 전망대 이름을 '요구르트전망대'로 불린다고 한다. 도야 호수는 주위가 43km로 어마어마하게 넓고, 일조량이 많고, 지대가 따뜻하여 3분의 1이 겨울인 홋카이도 날씨에도 호수가 얼지 않는다고 한다.

이어서 도야호수에서 유람선을 탑승해서 도야호수를 유람하는데, 호수 주변의 단풍이 참 예뻤다. 유람선 위에서 '갈매기'에게 새우깡 주는 즐거움도 있었다. 바다 같이 넓은 호수임에도 물색도 참 좋다. '소녀의 호수'라고 불릴만 하다.

마지막으로 우스산 분화로 생성되어 지금도 분연을 내뿜고 있는 쇼와신산을 갔다. 쇼와신산은 1943년 용암이 뚫고 나온 지구상에 유일한 산이고, 지금도 연간 3.5cm 자란다고 한다.

숙박장소인 '도야 만세각'에서 저녁식사를 하고 또 온천욕을 했는데, 오늘은 남탕에서 20대 아가씨가 왔다 갔다 했다. 일본인들은 수건을 탕 속에 담그지 않는다. 그래서 일본인들은 탕 속에서 수건을 머리에 없는다. 그리고 일본인들은 가정에서도 목욕물을 공유한다고 한다. "손님 – 시아버지 – 남편 – 시어머니 – 며느리 – 아이들" 순으로 물을 함께 사용한다고 한다.

인생은 여행이다. 여행은 혼자 할 수도 있고, 둘이 할 수도 있고, 이번 여행처럼 여러 명과 함께 할 수 있다. 인생 여행길에서 가장 중요한 것은 '서로 위하는 마음' 아닐까? 그것은 곧 사랑이다. 오늘 하루도 그렇게 서로 위하는 마음을 가진 분들과 함께 해서 너무 행복했다. 기대된다. 내일도 여행이다.

3. 셋째날 : 인생은 식사다

오늘 아침도 어제처럼 일찍 일어났다. 호텔이 도야 호수가에 위치하여 호수가 한 눈에 들어온다. 호수가 새색시처럼 참 예쁘다. 기상할 때는 비가 내렸는데, 조금 있다가 진눈개비로 아침식사 후에는 비로 변했다.

오늘 말씀묵상 시간에 주신 말씀은 "너희 중의 두 사람이 땅에서 합심하여 무엇이든지 구하면 하늘에 계신 내 아버지께서 그들을 위하여 이루게 하시니라"(마태복음 18장 19절)이다. 함께 구해야 하고, 그래서 함께 잘 되어야 한다.

오늘 아침도 온천욕을 했다. 이곳 온천탕은 매일 남녀탕의 위치를 바꾼다. 어젯밤에는 지하1층에 있는 탕을 사용했는데, 오늘은 어제

여탕으로 사용된 8층에 있는 탕을 사용했다. 8층 노천탕에서 바라본 도야호수는 말 그대로 장관이었다. 안개가 그윽하게 낀 모습이 꼭 예쁜 한복 입은 아가씨의 치마 속옷이 살짝 보이는 듯한 모습 같았다. 바라보는 것만으로도 행복했다.

오늘 첫 일정은 후키다시 공원에 있는 장수약수물을 받으러 갔다. 같은 홋가이도인데도 도야호수에서 20여분 도로를 달리자 갑자기 눈의 나라가 나타났다. 홋가이도에서는 11월 중순이 되어야 눈이 쌓일 정도로 눈이 오는데, 우리는 운좋게도 11월 초순에 왔음에도 황홀한 눈구경을 원없이 했다. 편도 1차선 도로임에도 중간에 펜스가 있었다. 그렇게 펜스가 없으면 눈 내릴 때 사고가 나기 쉽게 생겼다. 후키다시 공원 가는 도로 중간에 트럭이 눈길에 미끄러졌는지 부서져 있었고, 우리가 탄 버스 기사가 경찰관의 수신호에 따라 아슬하게 잘 섰다. 황상 가이드 말에 의하면, 홋가이도 사람들은 빙판길에서도 시속 60km로 달리는 운전기술을 갖고 있다고 한다.

후키다시 공원에 도착했을 때부터 오늘 저녁 지금까지 비가 내렸다. 쌓인 눈이 솜사탕처럼 부드러웠다. 장수약수물이 돌 틈에서 솟아나는 것이 신기했고,

물맛이 참 좋았다. 물이 좋아서인지 근처 작은 커피가게에서 내려준 커피맛도 일품이었다.

두번째 일정은 운하가 있는 오타루로 갔다. 1914년 착공해서 9년에 걸쳐 만들어진 오타루운하는 거대한 벽조건물과 석조창고가 어울어져 꼭 유럽의 한 도시에 온 느낌이다. 1,140m에 달하는 운하 중 가장 유명한 운하 옆 산책로 100m를 아내와 함께 걸었다. 우리 부부는 오늘 하루만큼은 영화 속 주인공들이었다. 착각은 자유니까.

특히 오타루는 운하도 보기 좋았지만, 그 보다도 허름한 오래된 창고를 활용하여 관광명소로 개발한 것이 참 인상적이었다. 우리 일행이 점심식사한 식당도 창고를 개조한 것이었다. 우리나라에서는 분명 개발이라는 이름으로 허름한 창고를 모두 헐고, 고층건물을 올리지 않았을까? 과연 낡은 것은 나쁜 것이기에 버리고 헐어야 할 대상일까? 황상 가이드 말에 의하면, 일본은 과거, 현재, 미래가 공존한다고 한다. 그것이 일본 힘의 원천이 아닐까? 일본 교토에는 지금도 전봇대가 있고, 엉클어진 전선이 있다고 한다. 삿포로도 전선이 천지다. 빠르고 편리한 것만이 최고는 아닌 것 같다. 운하에는 작은 배가 다니고, 새도 다닌다.

운하를 보고 난 후 오타루 오르골당 본관을 둘러봤다. 오르골(orgel)은 자동적으로 음악을 연주하는 악기를 말한다. 오르골당 건물은 1912년에 홋가이도 유수의 미곡회사의 하나로 지어진 건물로 목조 골조의 벽돌 2층 건물이다.

오르골당 본관 앞에는 높이 5.5m 증기시계가 세워져 있다. 시계 자체는 전동식인데, 보일러로 발생시킨 증기를 이용하여 컴퓨터 제어로 1시간 마다 시각을 알리고, 15분 마다 증기로 오르골처럼 5음계의 멜로디를 연주한다. 오르골당 본관에는 예쁘고 소리가 고운 15,000점 이상의 오르골이 이곳저곳에 전시되어 있고, 현장에서 구입할 수 있다.

그 다음 둘러본 곳은 기타이치 가라스무라라는 유리 수공예품 전시장이다. 일본인들은 '글라스'라는 발음을 하지못해 '가라스' 라고 발음한다고 한다. 셀 수 없이 많은 유리 수공예품들을 보는 것만으로도 눈이 행복했다. 그렇지만 다소 비싸다. 황상 가이드가 꼭 먹어보라고 한 사카이마치 거리 가게에서 파는 르타오 쵸콜렛, 치즈케잌, 아이스크림도 별미였다.

오타루 관광을 마치고 숙소가 있는 삿포로로 갔다. 홋카이도는 우리나라 일제시대와 같은 슬픈 역사가 있는 섬이다. 원래 오키나와와 홋카이도는 일본에 속하지 않았는데, 우리나라처럼 침략을 당해 나라를 빼앗긴 것이다. 그래서 홋카이도 원주민인 아이누(Ainu)인들은 일제로부터 해방을 맞이한 우리나라를 부러워한다고 한다.

우리나라에 조선총독부가 있었다면, 홋카이도에는 삿포로 구도청사가 있다. 붉은 벽돌(아까랭가) 약 250만개를 사용하여 미국풍 네오바로크양식으로 1888년에 지어진 로 지워진 구도청사는 앞으로도 수백년은 더 사용할 수 있을 정도로 튼튼해 보였다. 슬픈 역사는 어디엔가 숨기고 형형색색의 단풍으로 단장한 구도청사는 사진찍기 좋은 명소로 바뀌어 있었다.

이어서 찾아간 곳이 삿포로 명물인 시계탑인데, 이곳은 버스에서 내리지않고 잠깐 봤다. 별 볼 것없는 시계탑인데 입장료 50엔을 받는다고 한다. 홋카이도 개척시대에 그 시계탑 시계가 울리면 사람들이 시계탑 앞에 모여서 운동했다고 한다.

버스에서 내려 매년 2월 겨울눈꽃축제가 열리는 오도리공원 주변을 걸었는데, 오도리역명에 한글도 표기해 놓아 뿌듯했다. 오도리공원은 삿포로시내를 동서로 가로지르는데, 지진이나 화재시 방호벽 역할을 한다고 한다. 삿포로시는 바둑판 모양으로 설계되어 있고, 도심 한가운데 에펠탑 모양의 시계탑이 있어 길찾기는 쉬웠다. 삿포로는 128만이 사는 대도시임에도 제2롯데월드(지상 123층) 같은 빌딩과 같은 고층 건물이 없다. 삿포로시의 '삿포로'는 아이노어로 '말라버린 강' 이라는 뜻으로, 이곳은 화산폭발이 없는 안전한 도시임에도 건물 모두가 10층 내외로 내진설계가 잘된 것처럼 보인다.

여행 마지막날 저녁식사는 대게, 털게, 킹크랩을 1시간 동안 무한 리필되는 곳에서 했다. 황상 가이드 조언대로 게냄새가 옷에 밸 것을 대비하여 겉옷을 벗어버리고 전투에 임하는 군인의 모습으로 '게전투'에 임했고, 우리 팀이 마지막 60분 땡 마감할 때까지 쉬지않고 게를 먹어 치웠다. 지금도 입에서 게 냄새가 나는 것 같다.

숙소인 삿포로 다이와로이넷호텔에서 샤워한 후 우리 일행은 다시 삿포로라멘집에 가서 일본라멘을 먹었다. 허름한 작은 식당에서 판 라멘 한 그릇 값이 1,500엔(약 16,000원)이고, 단무지 5~6개에

300엔으로 아주 비쌌다. 맛으로 먹은 것이 아니라 추억으로 먹었다.

우리는 먹기 싫어도 하루 세끼를 먹어야 한다. 물론 하루 한두끼만 먹는 사람도 있겠지만, 매일 우리는 식사를 해야 한다. 그 식사를 맛있게 하는 방법은 내가 좋아하는 사람과 함께 먹는 것이다. 좋아하는 사람과 함께 식사하면 김치 하나에 밥공기 하나도 진수성찬이 된다. 인생도 마찬가지 아닐까? 좋은 사람들과 식사하면서 사는 것이 행복하게 사는 지름길이다.

나는 지난 목요일부터 오늘 주일까지(여행기를 쓰는 지금 자정이 넘었다) 3박4일 동안 좋은 사람들과 함께 식사해서 행복하고 행복했다. 오늘 저녁식사는 내가 좋아하는 또다른 이들이 기다리고 있다. 내 딸과 아들이다.

4. 넷째날 : 인생은 추억쌓기다

"와~ 눈이다." 정말 눈이 와야 삿포로이다. 오늘은 어제보다 더 일찍 일어났다. 아내와 함께 예배드리고, 아침식사를 했다. 눈 내릴 때 강아지가 왜 좋아하는지 이해가 되었다. 신기하게도 홋카이도는 '가을과 겨울이 공존'한다. 노란색과 붉은색 그리고 하얀색이 너무나 잘 어우러져 있다.

오늘 갑자기 눈이 많이 내려서인지 고속도로가 통제되어 국도로 갔다. 일본은 안전에 조금이라도 문제 있을 경우 오늘처럼 바로 통제한다고 한다. 그런데 그렇게 하면 국도에서는 사고 나도 괜찮다는 뜻인가? 버스가 길이 막혀 가다 서다를 반복한다. 그렇지만 눈 속을 달리는 모습이 너무 멋지다. 아내가 "세상에~"라는 감탄사를 연발한다. 일본인 버스기사는 융통성 없게 차들도 없는데 꼬박꼬박 정차한다. 비행기시간을 놓칠 수 있음에도. 이런 모습은 우리가 배워야할 모습 아닐까?

일본인의 식사문화를 소개한다. '입을 벌려서 먹지 않는다, 입을 다물고 조용히 먹는다, 젓가락으로부터 젓가락에 음식물을 건네 주는 것은 불길하다고 생각한다, 한번 접시에 넣은 음식물은 되돌리면 안된다.' 그렇지만 나는 한국인의 식사문화가 더 좋다. 맛있게 먹으려면 입을 벌려서 먹어야 하고, 맛있다는 표현도 하면서 상대방에게 먹여주는 것이 더 인간적이고 더 맛있게 먹는 방법이라 생각한다.

그리고 3박4일 들른 식당이나 가게, 호텔의 화장실 변기 등의 용기는 모두 일본의 TOTO사 제품이었다. 엘리베이터 등 눈에 보이는 모든 것이 일제로 채워진 것 같다. 대단한 자부심이다.

일본에서도 박근혜 대통령에 관련된 기사가 TV나 신문에 많이 소개된다고 한다. 2016.11.5. 토요일자 아사히신문 1면에 박대통령 기사가 실렸다. 인터넷을 통해 한국소식을 접하고 있는데, 참으로 막막하다.

중고등학생들까지 나서서 박대통령의 하야를 요구하고 있다고 한다.

'대한민국은 민주공화국이다. 대한민국의 주권은 국민에게 있고, 모든 권력은 국민으로부터 나온다.' (대한민국 헌법 제1조) 국민이 곧 하늘이다.

노보리베츠 만세각 온천욕탕에서 일하시는 분과 주변 마트 캐셔로 일하시는 분의 공통점은 모두 할머니라는 점이다. 노인분들이 일하시면서 노년을 보내는 모습이 좋아 보였다. 젊은 사람들에게나 나이든 분들에게 가장 좋은 것은 결국 '일자리' 아닐까? 나도 88세까지 변호사 일을 할 생각이다. 88할 때까지.

황상 가이드 말에 의하면, '좋은 것은 취한다' (이이고또 토리 良い 事 取り)는 생각이 지금의 일본을 있게 한 것이라고 한다. 공감한다. 우리도 일본을 미워만 할 것이 아니라 좋은 점은 취하자.

인생은 추억쌓기다. 이번 여행을 통해 '내 인생의 4일'을 잊지못할 추억으로 채웠다. 나이 들어 움직을 수 없을 때 이번에 저축해 놓은 추억을 꺼내 봐야겠다. 분명 이번 여행의 추억 이자는 복리로 늘어나리라고 믿는다.

또한 인생은 만남과 헤어짐의 연속이다. 나는 첫 모습 보다도 떠나는 뒷 모습이 더 아름다운 사람으로 남고 싶다. 이번 추억여행에 함께 한

우리팀 열분, 3박 4일 동안 귀를 즐겁게 해준 황운정 가이드, 버스기사 이시다상(石田さん) 그리고 같은 버스로 함께 여행한 스물여섯분의 평안과 행복을 기원해 본다.

우리가 만날 때 헤어짐을 염려하는 것과 같이
떠날 때 다시 만날 것을 믿습니다.
- 한용운의 '님의 침묵' 중에서 -

읽으면 행복해지는 책

김홍신_ 작가 "우리시대의 깃대종"

시대의 아픔을 걱정하고 스스로의 혼을 조신하게 닦으며 이웃을 눈여겨 지극히 살피는 지성인이 그리운 시절에 김양홍 변호사는 뚜벅뚜벅 바른 걸음으로 우리시대의 깃대종이 되었습니다. 김양홍 변호사는 천명을 곱게 받드는 넉넉한 품격이 있습니다. 대한민국을 감동케하려는 어짐이 있습니다. 그는 우리 시대를 조명하려는 참 선비입니다.

조국_ 서울대 법학전문대학원 교수 "글은 사람을 닮는다"

글은 사람을 닮는다 했다. 언제나 주변 사람들을 따뜻한 마음으로 대하고 배려와 공감으로 소통하는 김양홍 변호사의 뜻과 삶을 이 작은 책자를 통하여 엿볼 수 있다. 다들 경험해 보았을 일상의 소소한 사건, 사람과 사회에 대한 김변호사의 성찰에 기초한 미셀러니를 읽으면서 내 자신을 돌아보게 된다.

나주옥_ 김양홍의 아내 "더 행복해지시고 주님께 가까이 다가서기를"

이번 3번째로 출간하게 되는 책을 읽다보니 마음이 따뜻해지고 감사하는 마음을 갖게 됩니다. 또한 매 글마다 마지막에 있는 성경 말씀을 통해 더 그 글의 지혜를 성경적으로 바라보게 됩니다. 이 책을 통해 많은 분들이 삶이 더 행복해지시고 주님께 가까이 다가서는 시간이 되실 거라고 믿습니다.

김은혜_ 김양홍의 딸 "어머니의 자장가와 따뜻한 베개 같은 책"

잠시 나라는 공간 속에서 편히 잠들고 싶을 때 이 책을 읽으면 글귀 하나하나가 어머니의 자장가처럼 독자 여러분들에게 따뜻한 베개가 되어 드릴 것입니다.

김은철_ 김양홍의 아들 "생생한 삶의 향기"

힘들어하신 적은 있어도 절망하지 않으시는 아버지가 쓰신 책입니다. 항상 긍정을 말하시고, 언제나 주변 사람들을 축복하시는 당신의 인생과 삶에 대한 성찰을 담은 책! 이 책에 담긴 생생한 삶의 향기를 느끼시기 바랍니다.

책 구입처 : 교보문고, 영풍문고, 반디앤루니스, 알라딘, YES24, 생명의말씀사 직영서점

변호사 김양홍 Profile

광주제일고등학교 졸업
전남대학교 법과대학 졸업
제10회 군법무관임용시험 합격
사법연수원 수료
수도방위사령부 검찰부장
제3사단 법무참모
제3군단 보통군사법원 군판사
국방부 법무관리관실 군사법담당
고등군사법원 보통부장
변호사/변리사/세무사/행정사 등록

현재

국방부 중앙군인(군무원)인사소청심사위원회 위원
방위사업청 보통징계위원회 민간위원
서울특별시 서대문구의회 입법·법률고문
제56사단 노고산연대 명예 법무장교
대한임상초음파학회 고문변호사
순천향대학교 천안병원 법률고문
사단법인 전국보일러설비협회 고문변호사
사단법인 민주시민정치아카데미 이사
사단법인 다비다자매회 이사
재단법인 금호학원 이사
전우뉴스 칼럼니스트
용산구상공회 수석부회장
공증인가 법무법인 서호 대표변호사

저서

민법판례(개정2판, 유스티니아누스)
법무법인 서호의 국가유공자클리닉(공저, 법률정보센터)
사회복지법령집(퍼시픽북스)
협동조합 사례별 절차실무(공저, 법률정보센터)
주택임대차보호법 해설(공저, 법률정보센터)
변호사 김양홍의 행복한 동행(모리슨)
변호사 김양홍의 행복한 동행2(모리슨)
변호사 김양홍의 행복한 동행3(모리슨)

변호사 김양홍의 행복한 동행 2

2018년 3월 30일 3쇄 발행
지은이 김양홍
만든이 최순환
만든곳 도서출판 모리슨
등 록 제 22-2116호(1998. 12. 17)
주 소 경기도 여주시 대신면 운촌2길 29-2
전 화 031-881-4935, 010-2354-4935
E-mail morisoon@hanmail.net
ISBN 979-11-960653-0-0 03230
값 16,000 원